安全衛生担当のてびき
― 基本と実践 ―

安全衛生パトロール中

中央労働災害防止協会

はじめに

　近年労働災害は減少傾向にあるものの、職場には危険性や有害性がまだまだ潜んでいるのではないでしょうか。これまで無災害であった職場でも、今後労働災害が起こるおそれもあり、潜在する危険性や有害性をなくすための継続的な努力が求められています。そうした中で、企業で安全衛生を担当する方は、労働災害を発生させないために、安全衛生に関する基礎知識を習得するだけでなく、安全衛生活動を継続・向上させていくことが必要です。

　職場巡視（安全衛生パトロール）、ヒヤリハット、リスクアセスメント等の安全衛生活動の積み重ねにより、より安全な職場へ変化していきます。つまり、安全衛生活動は、働く人の命を守り、企業経営を支える基盤となるのです。企業の中で一人も労働災害に遭わせないためには、全社一丸となった安全衛生活動を展開することが必要で、安全衛生を担当する方がそのキーパーソンになることが期待されます。安全衛生活動は、安全衛生を担当する方の熱意や取り組みによりさまざまな効果が表れ、大きく活性化していくのです。

　本書は、新任の方をはじめ安全衛生に関する経験の少ない方が、その職務を担当することになったときに活用していただけるよう、前半では安全衛生に関して知っておくべき基本事項を、後半では安全衛生活動を進めるための実践事項や取り組み事例などを、わかりやすくイラスト入りで紹介したものです。

　本書が、企業全体の安全衛生を担当する方はもとより、各部門で安全衛生を担当する方にも広く活用され、働く人みんなが安全で安心して働ける職場づくりの一助になれば幸いです。

平成28年1月

中央労働災害防止協会

目　次

はじめに　3

第1編
安全衛生管理の基本

第1章　安全衛生の基礎知識　9
（1）安全衛生とは　9
（2）企業経営と安全衛生活動　9
（3）安全衛生と生産活動　10
（4）災害発生時の3つの責任　10
（5）管理する指標/統計　13

第2章　安全衛生に関する法令の基礎知識　14
（1）法令、法律、指針等の概要　14
（2）労働安全衛生法の法体系と法形式　14
（3）法令の基礎知識　18

第3章　安全衛生担当者の役割と行動　21
（1）安全衛生担当者の使命（ミッション）　21
（2）安全衛生担当者の基本事項　22

第2編
実践・安全衛生活動　基本編

第1章　安全衛生管理体制　25
（1）安全衛生管理体制とは　25
（2）労働安全衛生法に基づく体制　26
（3）事業場での安全衛生管理体制　26

第2章　安全衛生年間計画　29
（1）準備・情報収集　29
（2）安全衛生計画の作成　30
（3）安全衛生計画の実施項目　30
（4）実施項目ごとの目標の考え方　31

（5）安全衛生計画の実施　　33
　　　（6）進捗状況の確認と改善　　35
　　　（7）達成・実施状況の評価と改善　　35

第3章　安全衛生委員会　38
　　　（1）安全委員会と衛生委員会　　38
　　　（2）安全衛生委員会の準備　　39
　　　（3）安全衛生委員会の運営　　40

第4章　安全衛生教育　42
　　　（1）安全衛生教育の必要性　　42
　　　（2）安全衛生教育の種類　　43
　　　（3）労働安全衛生法令に基づく教育、免許、資格　　43
　　　（4）自主的に取り組む教育　　46
　　　（5）安全衛生教育計画の作成と管理　　46
　　　（6）効果的な教育への工夫　　46

第5章　関係法令に基づく実施事項　48
　　　（1）届出・報告・点検等　　48
　　　（2）安全措置　　49

第6章　労働衛生　51
　　　（1）労働衛生の管理とは　　51
　　　（2）安全衛生担当者の関わり　　52

第7章　労働災害発生時の対応　53
　　　（1）労働災害が発生したら　　53
　　　（2）労働災害の原因調査と対策実施　　54

第8章　職場とのコミュニケーション　56
　　　（1）職場に足を運ぶ　　56
　　　（2）職場に仲間をつくる　　57

第3編
実践・安全衛生活動　応用編

第1章　OSHMSとリスクアセスメント　59
　　　　（1）労働安全衛生マネジメントシステムとは　59
　　　　（2）労働安全衛生マネジメントシステムの基本的考え方と特徴　59
　　　　（3）労働安全衛生マネジメントシステムの有効性とその効果　61
　　　　（4）労働安全衛生マネジメントシステムの導入　62
　　　　（5）リスクアセスメントの考え方　64
　　　　（6）リスクアセスメントの基本的な手順　65
　　　　（7）リスクアセスメントの種類と導入　66

第2章　日常的な安全衛生活動　68
　　　　（1）日常的な安全衛生活動とは　68
　　　　（2）日常的な安全衛生活動の工夫　68

第3章　安全衛生行事の企画・運営　70
　　　　（1）安全衛生行事とは　70
　　　　（2）全国的あるいは地域で実施される行事での企画・運営　70
　　　　（3）事業場独自で企画・運営する行事　71

第4章　関連法令を熟知する　73

第5章　メンタルヘルスケア　75
　　　　（1）企業におけるメンタルヘルスケアの必要性　75
　　　　（2）労働安全衛生法に基づくメンタルヘルス対策　76
　　　　（3）メンタルヘルスケアの進め方　78
　　　　（4）ストレスチェック制度　81

第6章　化学物質管理　83
　　　　（1）化学物質の種類　83
　　　　（2）労働安全衛生法の化学物質規制の体系　83
　　　　（3）SDSとラベル　84
　　　　（4）化学物質のリスクアセスメント　86

第7章　その他関係する業務　88

第4編
安全衛生活動を効果的に進めるために

第1章　トップをやる気にさせる　89
　（1）安全衛生方針の考え方　89
　（2）トップの率先した行動　90

第2章　体制・組織を活用しよう　91
　（1）事業場内の組織の活用　91
　（2）キーパーソンをつくろう　91

第3章　職場を活性化させよう　93
　（1）感受性を磨く教育　93
　（2）職場巡視（安全衛生パトロール）の工夫　94
　（3）プロセス評価と成果の評価　95
　（4）継続的に新しい仕掛けをする　96

第4章　しくみを伝承する　97

付表　　安全衛生管理体制（選任、職務他）　98

第5編
事例で学ぶ安全衛生の実務

　事例1　新規装置導入　103
　事例2　従業員が労働災害に　108
　事例3　新入社員へ安全衛生教育をしよう　113

第1編
安全衛生管理の基本

第1章　安全衛生の基礎知識

(1) 安全衛生とは

　企業が労働者の安全衛生に関して求められる配慮は、労働契約法第5条で以下のとおり定められています。

> **労働契約法**
> （労働者の安全への配慮）
> 第5条　使用者は、労働契約に伴い、労働者がその生命、身体等の安全を確保しつつ労働することができるよう、必要な配慮をするものとする。

　上記を解釈すると企業は従業員が労働するにあたり、生命や身体などの安全が確保されるように配慮する義務があるということになります。
　つまり、安全とは「働く中でケガをしないこと」であり、衛生とは「働く中で心身ともに病気にならないこと」で、これらを安全衛生といいます。

(2) 企業経営と安全衛生活動

　企業が目的とする安全衛生は「労働者の安全と健康を確保し、心身ともに健康な状態で帰社させる」ことにあります。労働中に負傷したり、有害物の影響を受けたり、尊い命を失ったりすることは本人にとっても、家族にとっても、職場にとっても不幸なことであり、あってはならないことです。企業は全ての労働者が安全で安心して働ける職場環境を整備して、「人」を守るためにさまざまな安全衛生活動を維持・継続・向上していくことが求められます。
　また、企業は営利団体であることから、企業の繁栄、発展に向け少しでも多くの利益を得るためにさまざまな事業活動、生産活動を展開しています。しかしこれらの活動の中に、従業員の安全衛生を確保するという概念がなければ、労働災害を引き起こすおそれもあります。
　労働災害が発生すれば、生産活動を停止させたり、または社会からの信用、信頼を失い、企業の存続に関わってくることもあります。
　このように社会的責任（SR）の観点からも、従業員の安全衛生は極めて重要であり、企業経営と一体化した取り組みが求められています。

(3) 安全衛生と生産活動

「安全第一」、「安全最優先」といいながら、現実の作業現場では安全衛生活動や取り組みが最優先となっていない企業も見受けられます。これらの理由として、経営者の安全衛生活動に対する姿勢の弱さや、安全衛生は収益につながらないなどの考え方をもった経営者が多いことなどが挙げられます。それでは本当に安全衛生活動は収益につながらないのでしょうか。

労働災害が発生すれば、生産活動は少なくとも停止、または中止とされます。また社会的にも信用・信頼を損ない、市場からのニーズの減少にもつながるおそれがあります。つまり、安全衛生活動ができていないことにより、減益になることが十分考えられます。

※本書における「生産活動」とは、特定の業種に限らず企業等が行う各種経済活動のことをいいます。

(4) 災害発生時の3つの責任

安全衛生担当者は、災害が発生したときのさまざまな責任についても理解しておく必要があります。

災害が発生した場合の責任としては、次の3つの責任があります（**図1**）。

①刑事責任
②民事責任
③社会的責任

①刑事責任

労働災害が発生すると、労働基準監督署の監督官がその発生状況や原因を調査し、労働安全衛生法違反の疑いがあり、必要と認められた場合には、労働基準監督官は刑事訴訟法上の特別司法警察職員として、労働安全衛生法違反の被疑事件としての捜査を行うことがあります。この場合、工場長や管理監督者などから事情聴取が行われるのみならず、たとえ本社から遠く離れた地方の事業場の災害であっても、法人の代表である社長またはこれに準ずるトップ、経営者も労働基準監督官の事情聴取を受けることがありま

図1　災害発生時の3つの責任

す。法違反が成立すると判断されると、労働安全衛生法は両罰規定となっているため、実行行為者が送検されると同時に法人である事業者も送検されることとなります。

また、警察による業務上の過失など刑法上の違反についての捜査も行われます。

②民事責任

労働災害によって被った労働者の身体・生命・健康などの損害について、民事上の請求権に基づいて企業に対し行われる損害賠償の事案は急増しており、近年、安全配慮義務違反を理由として民事上の責任を問われることが多くなっています。

使用者が従業員の安全を考え安全管理に万全を尽くしていなかったことにより災害が発生した場合、労働安全衛生法などの違反の有無に関わらず、被災者や遺族などの利害関係者から安全配慮義務を履行しなかったとして、損害賠償責任を問われることもあります。

「安全配慮義務」は、民事訴訟の判例として社会的な規範とされてきましたが、平成19年に労働契約法の制定により、法律上も明確になりました（9頁参照）。

③社会的責任

事業場において、労働災害の発生、有害物の発散・ばく露、長時間労働などによるストレスの増大などで労働者の安全と健康が損なわれた場合には、企業は大きな経済的損失を被るのみならず、近隣地域の住民に直接・間接的に損害や不安を与え、社会的に厳しい責任を追及されることがあります。企業は、平成22年11月に国際規格としてISO26000にも規定されている社会的責任（SR）の観点からも安全衛生対策に万全を期すことにより、安全と安心の印象を与えることができ、地域社会からますます信頼されるようになります（SRとISO26000の詳細については、次頁参照）。

コラム　SR（社会的責任）とISO26000

SRとは、Social Responsibilityの略称で社会的責任を意味します。CSR：企業の社会的責任（Corporate Social Responsibility）は耳にしたことがあるかと思いますが、国際標準化機構（ISO）では、対象が企業（Corporate）に限らないという見地から、C（Corporate）を外し、SR：社会的責任(Social Responsibility)の呼称で2010年に国際規格 ISO 26000 を策定しました。これが、ISO26000です。

ISO26000は、適用範囲を全ての組織とし、社会的責任のガイダンスを提供することとしています。また、認証目的、規制又は契約のために使用することを意図したものではなく、社会的責任の分野における共通の理解を促進することを意図しています。

規格は、「7つの原則」（図2）と「7つの主題」（図3）から構成されています。

「7つの原則」は社会的責任の原則として尊重すべきものであり、たとえ困難と思われる場合でも原則に一致した基準に基づいて行動すべきであるとされています。

「7つの主題」は社会的責任に取り組む際に検討すべき中核課題を指したもので、課題を特定し、優先順位を設定するために検討すべき事項を7つの側面から考えるものです。

「7つの主題」の中の1つに「労働慣行」がありますが、その中に「労働における安全衛生」の課題が含まれています。

これまでCSRではトリプルボトムライン（環境的、社会的、経済的側面）により3つに分類されていましたが、SRではより多岐にわたり主題が設定されました。

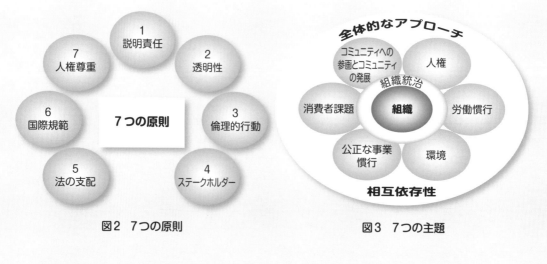

図2　7つの原則　　　　　図3　7つの主題

(5) 管理する指標／統計

労働災害の発生状況を評価する指標として、①度数率、②強度率、③年千人率があります。この指標は各産業別等の統計もあり、自社の労働災害状況を把握するために有効です。安全衛生担当者としては知識として身につけるだけではなく、是非管理指標として活用することをお勧めします。

①の度数率は、100万延実労働時間あたりに発生する死傷者数を示すもので、労働災害の頻度を表すものです。統計した期間中に発生した労働災害による死傷者数（休業1日以上）を同じ期間中の全労働者延実労働時間数で割り、それに100万を掛けた数値です。

$$度数率 = \frac{労働災害による死傷者数}{延実労働時間数} \times 1,000,000$$

②の強度率は、1,000延実労働時間あたりの災害によって失われる労働損失日数を示すもので、災害の重さの程度を表したものです。統計した期間中に発生した労働災害による労働損失日数を同じ期間中の全労働者の延実労働時間数で割り、それに1,000を掛けた数値です。

$$強度率 = \frac{延労働損失日数※}{延実労働時間数} \times 1,000$$

※労働損失日数は　休業日数（暦日）×300/365

③の年千人率は、1年間に労働者1,000人あたりに発生する死傷者数を示すものです。

$$年千人率 = \frac{1年間の死傷者数}{1年間の平均労働者数} \times 1,000$$

度数率の例
度数率「1」とは・・・500人規模の企業で、年間に1件の労働災害（休業1日以上）がある
【500人×2,000時間（250日×8時間）＝100万時間に1件】

第2章　安全衛生に関する法令の基礎知識

（1）法令、法律、指針等の概要

　企業が事業活動を展開する上で、守らなければならない法令はたくさんあります。どのような法令の適用があるかを企業がきちんと把握し遵守することが求められますが、多くの企業は、それぞれ担当部署または担当者を選任して管理しているのが実態ではないでしょうか。安全衛生担当者が、職場で関係法令が確実に遵守されるようサポートしていくことは、大切な役割のひとつです。

　職場の安全衛生に関する法律の主なものとして「労働安全衛生法」があります。この法律の多くの条文は、これまでの多くの悲惨な労働災害の教訓から制定されてきた法律ともいえます。類似災害の未然防止を図る上で、安全衛生担当者が労働安全衛生法令を理解することは有効といえます。

　ここでは労働安全衛生関係法令の基礎知識について説明します。

（2）労働安全衛生法の法体系と法形式

　労働安全衛生に係る法令の種類には次の**表**のとおり、いくつかの法形式があります。

表　労働安全衛生法の法体系

法形式	制定機関	具体例
法律	国会	労働安全衛生法 （昭和47年6月8日法律第57号）
政令	内閣	労働安全衛生法施行令 （昭和47年8月19日政令第318号）
省令	各省大臣	労働安全衛生規則 （昭和47年9月30日労働省令第32号）
告示	各省大臣	安全衛生特別教育規程 （昭和47年9月30日労働省告示第92号）

「法律」

　立法機関である国会が制定します。労働安全衛生に関する基本法として「労働安全衛生法」があります。

　労働安全衛生法は、労働災害防止のための危害防止基準、責任体制の明確化、自主的活動の促進などにより、労働者の安全衛生の確保と快適職場環境の形成を目的とし、昭和47年（1972年）に労働基準法から分離独立して制定されました。

　労働安全衛生法は事業者にさまざまな義務を課しています。また、罰則つきで強制している条文も多く、法令遵守の面からも労働安全衛生法を守っていくことは重要です。

「政令」

内閣が制定します。労働安全衛生法に基づく政令として「労働安全衛生法施行令」があります。労働安全衛生法の施行にあたっての用語の定義、適用の範囲などを定めています。

「省令」

厚生労働大臣が定めます。労働安全衛生法で定める事項は広範囲にわたり、時代の変化に機敏に対応していかなければなりません。詳細な事項は法律で定めることが難しい現状もあり、労働安全衛生法は具体的内容を厚生労働省令に委任するという方法をとっています。特に労働安全衛生法第20条から第24条までの規定に基づく事業者の遵守すべき危害防止基準の多くは厚生労働省令に委任されています。

厚生労働省令には、「労働安全衛生規則」、「クレーン等安全規則」、「有機溶剤中毒予防規則」など、**図4**に示すようにさまざまな規則があります。

参考

主な規則である「労働安全衛生規則」について紹介します。

労働安全衛生規則は、労働安全衛生関係法令の中核的な省令です。「クレーン等安全規則」などほかの諸規則（特別規則）に対し、労働安全衛生規則は一般規則にあたります。

労働安全衛生法を理解するには労働安全衛生規則の理解が不可欠です。そして、労働安全衛生規則の全体像を理解するには労働安全衛生規則の目次をしっかり見ることが大切です。ちなみに労働安全衛生規則は以下の構成となっています。

労働安全衛生規則の構成
第1編　通則
　労働安全衛生法や政令の細部事項を定めています。作業主任者、安全衛生教育、就業制限、免許等ほかの諸規則に共通する事項についても定めています。
第2編　安全基準
　各種の機械・設備による危険、爆発・火災・電気、荷役・建設・林業作業などにおける危険について、講ずべきさまざまな対策を定めています。
第3編　衛生基準
　有害作業環境、保護具、気積・換気、採光・照明、気温・湿度などについて定めています。
第4編　特別規制
　建設業、造船業等の特定元方事業者規制などについて定めています。

以上が、労働安全衛生に係る法令です。

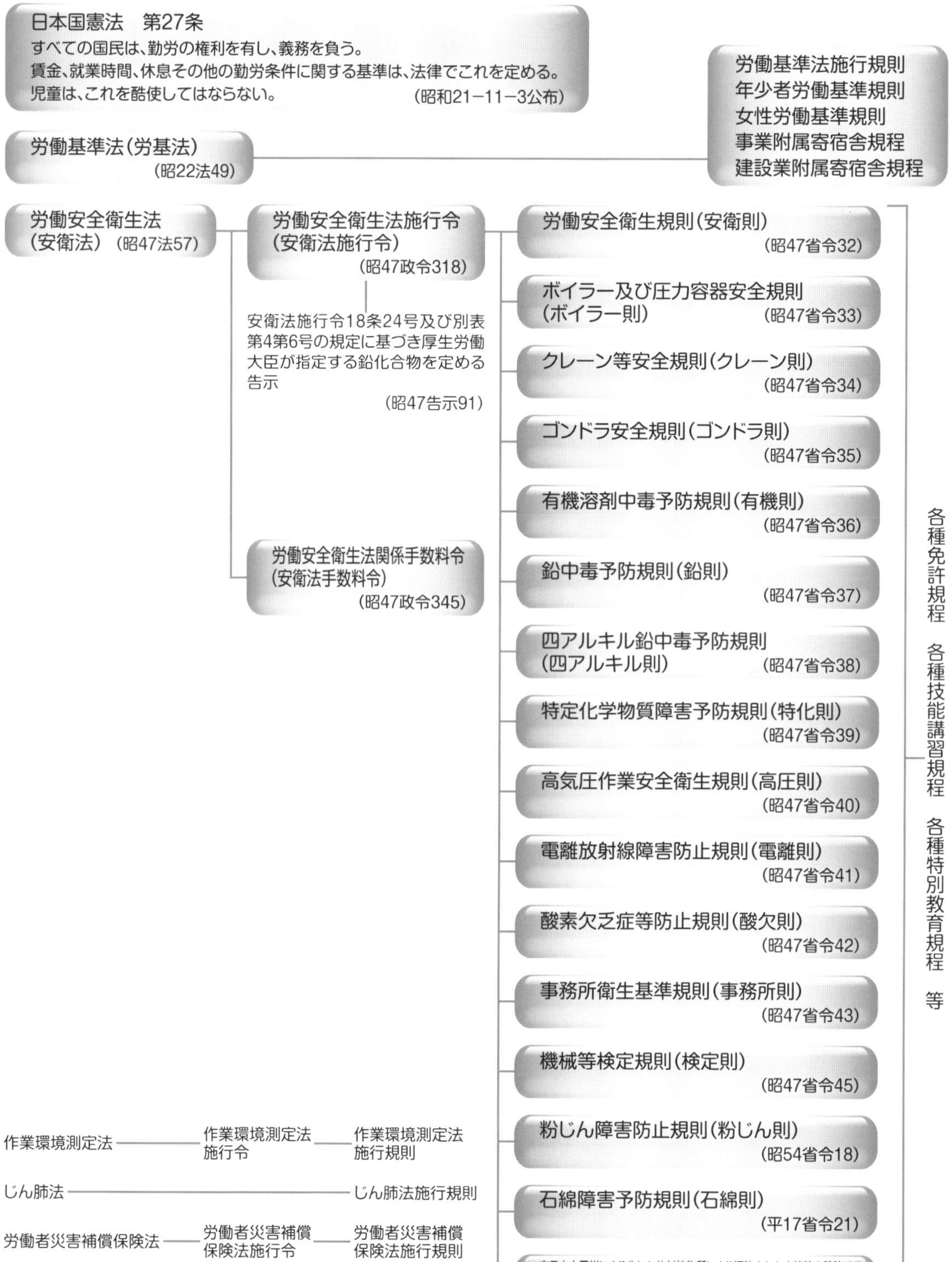

第1編　安全衛生管理の基本

```
日本国憲法　第27条
すべての国民は、勤労の権利を有し、義務を負う。
賃金、就業時間、休息その他の勤労条件に関する基準は、法律でこれを定める。
児童は、これを酷使してはならない。
　　　　　　　　　　　　　　　　　　　　　　　　　　　　　　（昭和21-11-3公布）
```

- 労働基準法（労基法）（昭22法49）
  - 労働基準法施行規則
  - 年少者労働基準規則
  - 女性労働基準規則
  - 事業附属寄宿舎規程
  - 建設業附属寄宿舎規程

- 労働安全衛生法（安衛法）（昭47法57）
  - 労働安全衛生法施行令（安衛法施行令）（昭47政令318）
    - 安衛法施行令18条24号及び別表第4第6号の規定に基づき厚生労働大臣が指定する鉛化合物を定める告示（昭47告示91）
    - 労働安全衛生法関係手数料令（安衛法手数料令）（昭47政令345）
  - 労働安全衛生規則（安衛則）（昭47省令32）
  - ボイラー及び圧力容器安全規則（ボイラー則）（昭47省令33）
  - クレーン等安全規則（クレーン則）（昭47省令34）
  - ゴンドラ安全規則（ゴンドラ則）（昭47省令35）
  - 有機溶剤中毒予防規則（有機則）（昭47省令36）
  - 鉛中毒予防規則（鉛則）（昭47省令37）
  - 四アルキル鉛中毒予防規則（四アルキル則）（昭47省令38）
  - 特定化学物質障害予防規則（特化則）（昭47省令39）
  - 高気圧作業安全衛生規則（高圧則）（昭47省令40）
  - 電離放射線障害防止規則（電離則）（昭47省令41）
  - 酸素欠乏症等防止規則（酸欠則）（昭47省令42）
  - 事務所衛生基準規則（事務所則）（昭47省令43）
  - 機械等検定規則（検定則）（昭47省令45）
  - 粉じん障害防止規則（粉じん則）（昭54省令18）
  - 石綿障害予防規則（石綿則）（平17省令21）
  - 東日本大震災により生じた放射性物質により汚染された土壌等を除染するための業務等に係る電離放射線障害防止規則（除染電離則）（平23省令152）

- 作業環境測定法 ─ 作業環境測定法施行令 ─ 作業環境測定法施行規則
- じん肺法 ─ じん肺法施行規則
- 労働者災害補償保険法 ─ 労働者災害補償保険法施行令 ─ 労働者災害補償保険法施行規則
- 労働災害防止団体法 ─ 労働災害防止団体法施行規則

各種免許規程　各種技能講習規程　各種特別教育規程　等

図4　労働安全衛生法および主な関係政省令の体系図

「告示」
　厚生労働大臣が定め、公示します。省令などで定める個々の事項について、より具体的内容などを定めています。

「通達」
　通達とは、上級官庁から下級官庁への指示文書のことをいいます。純然たる指示文書もあれば、法令の解釈通達（解釈例規）もあります。通達は行政機関内部の職員への文書であり、法令ではありませんが、労働基準監督官の法令解釈や行政指導等の判断のよりどころとされます。その多くは公表されており、安全衛生対策を進める実務では大きな役割を果たしています。

＜参考　通達の種類＞
　基発……厚生労働省労働基準局長から都道府県労働局長等宛に出された通達
　基収……都道府県労働局長等からの疑義について厚生労働省労働基準局長が回答した通達
　発基……厚生労働省事務次官から都道府県労働局長宛に出された通達

「判例」
　判例とは、裁判所が具体的な訴訟に対して判断を下した先例のことです。類似の事件などの基準となるものもあり、安全衛生分野では、「安全配慮義務」に関する判例が重要です。
　安全配慮義務は、雇用者（企業）が労働者に負う雇用契約上の義務であり、「労働者が労務提供のため設置する場所、設備もしくは器機等を使用し、又は使用者の指示のもとに労務を提供する過程において、労働者の生命及び身体等を危険から保護するよう配慮すべき義務」（川義事件　最高裁昭和59年4月10日判決）です。
　裁判で「安全配慮義務」が出てきたのは昭和40年代に入ってからです。最高裁判所が初めてこれを認めたのは、昭和50年2月25日の陸上自衛隊八戸車両整備工場事件による判決です。

> **参考**
> **陸上自衛隊八戸車両整備工場事件の概要**
> 　昭和40年7月13日、自衛隊八戸駐屯地方第九武器隊車両整備工場において車両整備をしていた被災者が、後進してきた大型自動車の後車輪で頭部をひかれて即死した事故について、被災者の両親が国に対し損害賠償を請求した。
> 　両親は賠償請求ができることを知らなかったため、大型自動車の運行供用者に当たるとして、国に対し損害賠償請求の訴えを起こしたのは、昭和44年10月6日であった。これに対し第一審は、国の時効の抗弁を理由に両親の請求を棄却した。
> 　両親は控訴に際し、安全配慮義務違反の主張を追加したが、第二審判決は、被災者と国との関係は特別権力関係であるとの理由によってこれを棄却した。これに対し両親が上告、国の時効の援用は信義則に反すると主張したほか、国の安全配慮義務を否定した第二審の法律解釈適用の誤りを主張した。
>
> **判決要旨**
> 　国と国家公務員の勤務関係の法的性質は、特別権力関係ではなく、雇用関係ないし雇用関係類似の関係というべきであり、一般私企業とのそれと異なるとする論拠はない。したがって被災者と国の関係は一般企業における関係と同様に取り扱われるべく、被災者の使用者である国は、被災者に対する安全配慮義務の怠慢により生じた本件事故について、債務不履行に基づく損害賠償義務を負担しているというべきである。

(出典：外井浩志監修「経営者の労働災害防止責任　安全配慮義務Q&A」　中央労働災害防止協会発行　2015年)

(3) 法令の基礎知識

　法令はいざ調べようとしても見方がわからないと正しく調べられなかったり、見落としが生じることがあります。以下、法令の基本について紹介します。

＜法令の階層構造＞

　法令の基本単位は、条文といわれるように「条」が基本単位です。
　　「条」をさらに細分化するには、「項」が使われます。
　　「項」をさらに細分化するには、「号」が使われます。
　　「号」をさらに細分化するには「イ、ロ、ハ、・・・」が使われます。
　また、法令は、「条」を基本単位として構成されていますが、条文数が多いときなどは、「条」を一定の単位でくくることにより、理解しやすいように工夫されています。一般的には、「編、章、節、款、条」などの順でくくられています。

具体例（労働安全衛生規則第151条）
フォークリフトなど荷役運搬機械に関する規程の例
　労働安全衛生規則
　　　第1編　通則　～略～

第2編　安全基準
 第1章　機械による危険の防止　略
 第1章の2　荷役運搬機械等
  第1節　車両系荷役運搬機械等
   第2款　フオークリフト
    第151条の16～第151条の20　略
   （定期自主検査）
   第151条の21
     事業者は、フオークリフトについては1年を超えない期間ごとに1回、定期に、次の事項について自主検査を行わなければならない。ただし、1年を超える期間使用しないフオークリフトの当該使用しない期間においては、この限りでない。
     1　圧縮圧力、弁すき間その他原動機の異常の有無
     2　デフアレンシヤル、プロペラシヤフトその他動力伝達装置の異常の有無
     3～9　略
   ②　事業者は、前項ただし書のフオークリフトについては、その使用を再び開始する際に、同項各号に掲げる事項について自主検査を行わなければならない。
   第151条の22～第151条の23　略
   （特定自主検査）
   第151条の24
     フオークリフトに係る特定自主検査は、第151条の21に規定する自主検査とする。
   ②　フオークリフトに係る法第45条第2項の厚生労働省令で定める資格を有する労働者は、次の各号のいずれかに該当する者とする。
    1　次のいずれかに該当する者で、厚生労働大臣が定める研修を修了したもの
     イ　学校教育法による大学又は高等専門学校において工学に関する学科を専攻して卒業した者で、フオークリフトの点検若しくは整備の業務に2年以上従事し、又はフオークリフトの設計若しくは工作の業務に5年以上従事した経験を有するもの
     ロ　学校教育法による高等学校又は中等教育学校において工学に関する学科を専攻して卒業した者で、フオークリフトの点検若しくは整備の業務に4年以上従事し、又はフオークリフトの設計若しくは工作の業

　　　　　務に7年以上従事した経験を有するもの
　　　ハ　略
　　　ニ　略
　　2　その他厚生労働大臣が定める者
　③〜⑤　略
　　　第151条の25〜第151条の26　　略

※1　法令は縦書き、数字は漢数字で表記されます。ここでは便宜的に横書きにし、アラビア数字で表記しています。
※2　②は「第2項」を示します。第1項は条文では明記されません。
※3　1は「第1号」を、2は「第2号」を示します。

＜法令検索＞

　労働安全衛生法を見るには、法令集や厚生労働省のホームページを利用するのが基本といえます。インターネットにより「労働安全衛生法　厚生労働省」「法令データ提供システム」などのキーワードで検索して、ホームページで確認しましょう。
　以上を参考にして、実際に自分自身で法令を調べて、検索方法を確認し、覚えていきましょう。

＜図書の紹介＞

　中央労働災害防止協会では図書を発行しています。
　法令を理解するのにはとても参考となりますのでよく利用されています。

中央労働災害防止協会発行図書の例

①「安全衛生法令要覧」………………………毎年発行される法令集です。巻末には詳細な事項別索引が記載されており便利です。

②「労働安全衛生法のはなし」……………中央労働災害防止協会新書。労働安全衛生法の入門書として広く読まれています。

③「安全の指標」④「労働衛生のしおり」…毎年、全国安全週間、全国労働衛生週間の前に発行されるコンパクトな小冊子。各種データもわかりやすく掲載されており、安全衛生教育にも活用されています。

第3章　安全衛生担当者の役割と行動

（1）安全衛生担当者の使命（ミッション）

これまで、労働安全衛生や労働安全衛生関係法令の基礎知識について説明をしてきましたが、これらのことを踏まえ、安全衛生担当者はどのような使命があるのでしょうか。

企業によっては安全衛生担当部門があり、組織的な活動を展開する場合や総務部門等の中のひとつの役割として安全衛生活動を展開する場合等、活動・展開方法は異なります。しかし、安全衛生担当者としてすべき使命は共通するものです。まずは自分が安全衛生を担当する者として使命（ミッション）を自覚し、安全衛生活動に活かしていきましょう。

①リードする

安全衛生のしくみを強化し、企業の安全衛生活動をリードする。また、研修・教育・イベント等の企画・実施を通じ、従業員の安全衛生意識の高揚を図る。安全衛生活動の風化や低迷化・マンネリ化を防ぐために、さまざまな活動の企画や仕掛けを行い、事業場全体・職場などを活性化させる。

②サポートする

トップの安全衛生方針および安全衛生に関する目標、計画達成に向けて活動が円滑に実施されるようにサポートする。また、安全管理者、衛生管理者、産業医等のサポートや安全衛生委員会の円滑な運営についてのサポートを行う。教育や諸活動等、職場のサポートをする。

③チェックする

法令を遵守するために必要・該当とされるものを把握し、定期的に点検・改善する。

安全衛生活動の進捗状況の確認をし、必要に応じ評価、改善を実施する。内部（システム）監査を実施し、安全衛生活動およびしくみを評価し、トップに報告することにより改善に結びつける。

④パイプ役を果たす

社内では、職場と安全衛生委員会や安全衛生に関する関連部門（装置導入部門、技術部門、総務・人事部門等）とのパイプ役になり、情報の伝達・共有や連携体制を築く。社外では労働基準監督署やその他外部機関とのパイプ役となり、情報収集や連携した活動を展開する。

⑤キャッチする

社内のさまざまな情報（災害、新規設備導入、ヒヤリハット等）をキャッチし、労働災害の未然防止や情報提供に努める。また社外では、法改正や類似災害、市場の動向等をキャッチし、社内への展開を図る。

安全衛生担当者の使命

（2）安全衛生担当者の基本事項

まず安全衛生担当者の役割の基本事項は次のとおりです。

①事業者責任の一端を担当者として果たすこと
②人間尊重が原点（24頁のコラム「1万人の1人」参照）
③安全配慮義務（健康含む）を果たす一端を担うこと
④遵守すべき法令の把握と対応
⑤安全衛生教育（従業員の危険に対する感受性を高め、気づきを促す）

以上のとおり、企業として安全衛生活動を展開し、法令違反や労働災害を発生させないために、さまざまな側面からアプローチやフォローをしていくことが求められます。また、組織活動や安全衛生委員会活動等を円滑に進めるために事務局を担当することも大切な役割のひとつです。

＜安全衛生担当者の主な役割＞

①安全衛生自主点検（法の遵守状況の把握と確認を含む）の実施
②安全衛生に関する情報収集
③安全管理者、衛生管理者、産業医、安全衛生委員会等のサポート
④労働災害分析、労働災害調査のサポート
⑤職場巡視（安全衛生パトロール）

⑥安全衛生に関するしくみ（手順）の作成
⑦安全衛生教育の企画（計画）・実施
⑧労働衛生3管理［作業環境管理、作業管理、健康管理］、または労働衛生5管理［作業環境管理、作業管理、健康管理、総括管理、労働衛生教育（管理）］の促進
⑨健康診断結果と事後措置の実施状況の把握・改善
⑩労働基準監督署に対する各種届出
⑪全国安全週間・全国労働衛生週間等の活動の企画・実施

このような役割がありますが、第2編では安全衛生活動の基本を、第3編では安全衛生活動の応用について述べます。

コラム　1万人の1人

一人ひとりカケガエのない人

「1万人の1人」と「人生のすべて」

　昭和40年代のことである。1万人が働くある製鉄所内で死亡災害が発生した。さっそく労務担当責任者は遺族宅へ弔問に訪れた。2人の幼い子供をひざにのせた奥さんは、なかなか口を開こうとしなかった。ただ最後に一言、小さな声でいった。

　「会社は主人の死によって1万人のうちの1人を失ったに過ぎませんが、私は人生のすべてを失いました」

　この"ひと言"で「脳天をたたき割られる思い」をした同責任者は「あのショックは一生忘れることはないだろう。これからは、工場に災害はつきものだという考え方は絶対にいけない。災害はあってはならない、ゼロにすべきだ」という信念を持つようになった。

災害があってはならない　1人ひとりカケガエのない人だから

（出典：「安全衛生運動史〜安全専一から100年」中央労働災害防止協会発行　2011年　一部改編）

第2編 実践・安全衛生活動 基本編

第1章 安全衛生管理体制

(1) 安全衛生管理体制とは

　労働災害を防止するためには、組織的に活動をすることが効果的です。この労働災害を防止するための組織や体制を安全衛生管理体制といいます。労働災害のない職場を実現させるためには、日頃から職場の中に潜んでいる危険性または有害性を取り除く活動を積極的に進めることが必要になります。そのためには、安全衛生管理体制を確立して、組織的に活動を進める必要があります。なお、安全衛生活動は事業場ごとの活動になることから、ここからは事業場単位としての活動について説明します。

　事業場の安全衛生管理の責任は事業者にありますが、事業者が安全衛生管理に取り組むだけでは労働災害はなくなりません。また個々の労働者が注意をするだけでも労働災害はなくなりません。労働災害をなくすための安全衛生管理を行うには、事業場トップから管理監督者や個々の労働者に至るまで、それぞれの役割、責任、権限を明確にした安全衛生管理体制を整備し、事業場全体で計画的に安全衛生管理活動に取り組む必要があります。

安全衛生管理体制には労働安全衛生法に定められたものと、事業場で労働災害をなくすために組織されたものと2種類あります。労働安全衛生法に基づく体制は法律で定められていることから、規模や業種の条件に基づき体制は決められますが、事業場で組織する体制は事業場独自のものであり、業種、業態、規模、生産方式などによってさまざまな体制とすることができます。よって、事業場で組織する体制は最も効果的、効率的で労働災害防止活動が進められることと同時に生産活動と一体化したものが必要となります。

(2) 労働安全衛生法に基づく体制

　労働安全衛生法では、業種、業態や労働者数に応じて、管理者等を選任することが定められています。一定要件、選任の基準により、専らその職務のみを行う専任者の選任が必要であったり、複数の管理者が必要なものもあります。

　まず事業場にどのような管理者や体制が必要で、誰が選任されているかを把握します。管理者によっては労働基準監督署への選任の届出が必要なものもあるので、選任と同時に届出がされているかも確認する必要があります。また組織の異動等により各管理者が変更になる場合は、改めて選任の届出を提出することと同時に、解任の届出を忘れないようにしましょう。

　総括安全衛生管理者、安全管理者、衛生管理者、安全衛生推進者等、産業医の選任、職務、届出等の詳細については、98頁から102頁を参照してください。

(3) 事業場での安全衛生管理体制

　安全衛生管理の責任を有する事業者は、安全衛生管理体制を整備し労働安全衛生関係法令で義務づけられている管理などを十分考慮に入れた上で、事業場の実態に即した、生産活動と一体になった体制を構築することが必要です。生産活動と一体となった安全衛生管理体制にするためには、組織の中でのさまざまな協力・支援体制や連携した活動が必要です。

　一般的に安全衛生管理体制には次の3種類があります。

＜ライン型＞

　ライン型は、事業場トップが表明した安全衛生方針をはじめ、安全衛生目標や安全衛生計画の実施を全てライン管理者を通じて行うもので、比較的小規模事業場に多く見られます（図5）。安全衛生に関する指示は、ライン管理者を通じて生産業務とともに行われるので、その指示や必要な改善措置が迅速に徹底されやすい反面、ライン管理者が日常業務に追われ、法令改正や安全衛生に関する知識や情報を身につける余裕がなく、安全衛生活動が停滞したり、安全衛生対策がとりにくくなることもあります。また生産活動への関心が高くなりすぎて安全活動への関心が薄れる傾向や、日常の作業に慣れすぎていることに

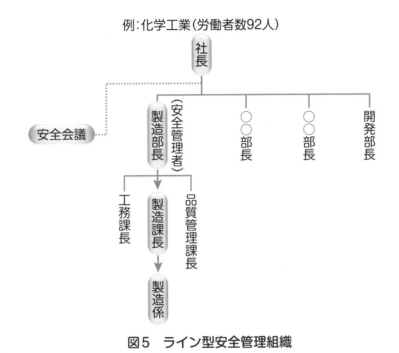

図5 ライン型安全管理組織

より、危険性や有害性を見つける感受性が低くなっていることも考えられます。

＜スタッフ型＞
　スタッフ型は、安全衛生を担当する組織を整備し、専属の安全衛生担当者を配置して事業場トップの安全衛生方針に沿って、安全衛生目標や安全衛生計画を作成し、各部門や職場などに実施を行わせるものです。安全衛生担当者は、安全衛生活動を専門的に行うため、安全衛生の知識を習得し、社内外の情報を収集して事業場全体の流れをつかむことができます。また事業場全体を把握していることから、他の職場をよく知り、新しい観点から安全衛生対策を支援・指摘できます。

　しかし、安全衛生担当者は自ら生産等に携わっていないため、ライン管理者のように職場のことを詳しく知る立場にありません。また職場巡視（安全衛生パトロール）で改善すべきところを指摘すると職場やライン管理者から何かと反発されることがあります。日頃から職場に足を運び、職場やライン管理者とコミュニケーション等をとることにより、職場との協力体制をつくることが大切です。

＜ライン・スタッフ型＞

　ライン・スタッフ型は、ライン型とスタッフ型の両方の要件を兼ね備えたものです（図6）。安全衛生担当部門を組織として整備し専属の安全衛生担当者を配置し、一方職場にも兼任あるいは専任の安全衛生担当者を配置して、主な安全衛生対策は安全衛生担当部門で企画し、これを職場の安全衛生担当者を通じて実施するものです。

　この型は、事業場全体の安全衛生活動の企画、立案、調査、研究などが専門の安全衛生担当部門が行い、職場のライン管理者には安全衛生管理の責任と権限を付与しているので、安全衛生活動と生産が乖離することがありません。この体制が適切に構築され、機能すれば理想的な体制といえます。

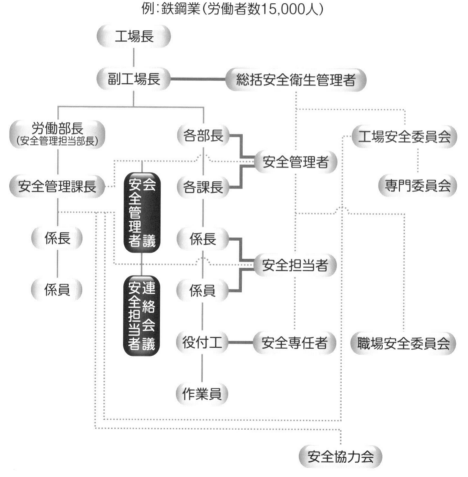

図6　ライン・スタッフ型の安全管理組織

第2章　安全衛生年間計画

　安全衛生計画は、安全衛生方針、安全衛生目標を達成するために行うべき安全衛生活動を具体化したものです。

（1）準備・情報収集

　安全衛生計画作成にあたり、まずいつからスタートするかを決めて、いつから作成の準備をしなければいけないか作成日程を決める必要があります。安全衛生計画は労働者の意見やさまざまな情報をもとに作成されることから、作成までの期間を十分に考える必要があります。

安全衛生計画作成のフローチャート例

情報の収集	安全衛生担当部門	2月上旬
原案作成	安全衛生担当部門	2月中旬
管理者会議	管理者／安全衛生担当部門	2月下旬
第一次案作成	安全衛生担当部門	3月上旬
安全衛生委員会審議	労使代表	3月中旬
最終案作成（必要に応じ）	安全衛生担当部門	3月中旬
事業場トップの承認	事業場のトップ	3月下旬
展開・周知	各部門	4月1日

※安全衛生計画の期間が4月～3月の場合

　安全衛生計画は毎年定期的（行事的）に実施すべき項目のほかに、前年度の実績や災害の発生状況、リスクアセスメントの実施結果、労働者の意見等を踏まえ、事業場としての目標を設定し、課題・問題点を顕在化した項目を計画に反映させる必要があります。そのために次のような情報を収集します。

＜必要な情報収集の例＞
　・安全衛生方針
　・前年度の安全衛生目標、安全衛生計画の反省（未達成項目等）
　・災害の発生状況

- リスクアセスメントの実施結果（危険性または有害性等の調査結果）
- 内部監査の結果
- 関係法令等の遵守状況
- 労働者の意見（職場からの意見）　など

（2）安全衛生計画の作成

安全衛生計画の作成にあたっては（1）で収集した情報をもとに以下の項目の構成で作成していきます。

①安全衛生計画の期間（例：○○年計画、○○年度計画）
②実施項目、実施内容
③目標
④担当部署、担当者
⑤スケジュール（日程）

上記の①〜⑤については、最低必要とされるものですが、安全衛生計画を確実に実施し、活性化させるためには、

⑥安全衛生計画の進捗状況の確認と改善
⑦目標に対しての評価
⑧責任者のコメント

等を加えることも効果的です。また、⑥〜⑧は安全衛生計画の達成状況の把握にもつながり、次年度の安全衛生計画を立案するための情報となり、課題が顕在化されます。

（3）安全衛生計画の実施項目

安全衛生計画の実施項目は、「行事実行型」と「課題解決型」に分けて考えることが大切です。「行事実行型」とは毎年定期的（行事的）に実施する項目で、従来の安全衛生計画はこちらに集中していたのではないでしょうか。「行事実行型」の中には法令に基づき実施する項目（例えば、健康診断、作業環境測定、定期点検等）があり、これらを明確に安全衛生計画に盛り込んでおくことにより、実施すべき時期に確実に実施し法令違反の発生防止を図っていくことができます。

しかし、前年度の課題や顕在化された問題点については「行事実行型」には盛り込まれません。「課題解決型」は顕在化された課題・問題点を計画的に改善・解決することに適し、ある一定期間での効果が期待できます。安全衛生計画の作成にあたっては、「課題解決型」＋「行事実行型」で実施項目を区分していくことが効果的です。

「課題解決型」実施項目…事業場や職場における課題・問題点を改善・解決していくための実施項目
「行事実行型」実施項目…定期的、行事的に実施する項目（健康診断、作業環境測定、定期自主検査等）

（4）実施項目ごとの目標の考え方

　安全衛生計画の実施項目が決まったら、各項目について目標を設定します。目標を設定するにあたっては、以下のことに留意します。

1　努力をすれば手が届く程度の目標がよい
　　目標が高すぎる…やる気をなくす
　　目標が低すぎる…すぐに達成できてしまう
2　具体的で達成可能なものとする
3　評価可能なものとする

　以上のことを踏まえると、目標は90〜95％程度は達成可能なものが適していると考えられます。残りの5〜10％は努力目標とし、もし達成できなくても次年度に繰り越され、計画（Plan）-実施（Do）-評価（Check）-改善（Act）（以下、「PDCA」という。）のスパイラルアップにもつながっていきます。

　また、いきなり高い目標や、たくさんの目標を掲げることは、やる気をなくしたり、全ての実施項目が中途半端になってしまうことが考えられます。事業場の実情や実力を考えて目標を設定することが大切です。

　続いて具体的に目標を設定していきます。

　目標は大きく
　　どれだけ実施するか（回数、頻度）… 実施目標
　　どこまで実施するか（到達点）……… 達成目標
の2つに分類できます。

現状の事業場では、比較的「実施目標」を掲げていることが多く見られます。「実施目標」は実施時期や回数、頻度を目標とし、到達点（達成度）を求めているものではありません。
　ヒヤリハット活動を例に考えてみます。
　　実施項目：ヒヤリハット活動
　　実施目標：1人が毎月1件以上提出する
　この場合、ヒヤリハット活動を1人が毎月1件以上提出することが目標になります。ヒヤリハットを見つけるということで、従業員の危険に対する感受性が高くなるという効果は考えられます。しかし本来ヒヤリハット活動とは、「災害に至らなかった危険事象を災害の一歩手前と考え、災害と同じレベルの位置づけで災害発生の未然防止を図る」ことにあります。つまり、ヒヤリハット活動の目的は「改善する」ことにあるといえます。
　したがって、
　　達成目標：提出されたヒヤリハットの中の重大ヒヤリは100％改善する
などの達成目標を掲げることが、本来のヒヤリハット活動の目的にあった目標といえます。
　また、「実施目標」と「達成目標」を併記することも、ひとつの適切な方法です。

「実施目標」と「達成目標」を併記した例

実施項目	実施目標	達成目標
ヒヤリハット活動	1人が毎月1件以上提出	報告されたヒヤリハットの中の重大ヒヤリは100％改善する

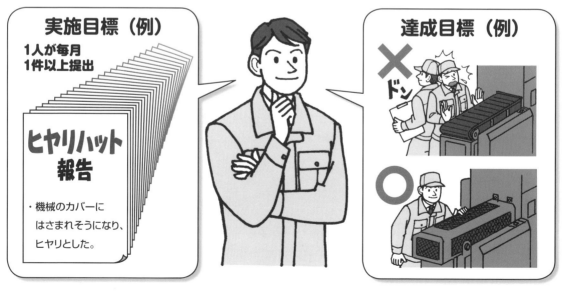

(5) 安全衛生計画の実施

　安全衛生計画は、事業者の安全衛生に対する方針や安全衛生目標を達成させるための施策を実施項目として盛り込んだものです。したがって確実に実施され、目標に対しての効果に結びつけることが求められます。しかし、安全衛生計画で掲げた実施項目を実施または活動するためには、「実行計画」や「実施要領」等の実施項目を具体的に実行するためのしくみや手順を定める必要があります。これらは事業場全体の活動であれば安全衛生担当者が作成する場合もありますが、職場独自の活動であれば各職場での作成となります。これらの作成にあたっては、あらかじめ、いつ、誰が、どのように定めるかを決めておくことも大切です。また5W1Hに基づき作成し、検討や承認を誰が行うか、必要な経費をどのように執行（決裁）するか、などを決めておくことも大切です。

実施要領　作成ルールの例

製造○○課

作成（立案）	検討	承認
安全衛生スタッフ	各職場長で審議	課　　長

※検討は職場会議で各職場長が行う。

費用の執行について
　　10万円以下・・・職場の経費で課長決裁
　　10万円以上・・・課の経費で部長決裁
　　50万円以上・・・経営会議にて審議し、取締役決裁

コラム　5W1Hとは

　「いつ（When）、どこで（Where）、誰が（Who）、なにを（What）、なぜ（Why）、どのように（How）」という6つの要素の頭のアルファベットをまとめて5W1Hと言います。

　5W1Hに沿って文章などを整理することにより、情報をわかりやすく、もれなく伝達することができます。事業場や職場で規程類や手順などを作成するときは必要です。

　最近では、「誰に（Whom）、いくらで（How much）」の2つを付け加えて「6W2H」と呼ばれることもあります。

ヒヤリハット報告・改善活動　実施要領の例

1 目的
　事業場内においてヒヤリハット報告・改善活動を行うことにより、労働災害になる手前で危険有害要因の除去・低減を図り、安全衛生水準の向上を図るとともに、危険のない職場づくりを目指すことを目的とする。

2 定義
　ヒヤリハット：作業中に「ヒヤリとした」「ハッとした」ような、一歩間違えば労働災害が発生するおそれのある事態

3 実施要領
(1)　事業場内の従業員（派遣労働者含む）は、作業中にヒヤリハットに遭ったときは、別紙「ヒヤリハット事例報告書」（以下「報告書」という。）に所定事項を記入し、職場長に提出する。

(2)　職場長は、報告書に記載された内容および対策案等を確認し、必要に応じて対策案の内容を修正した後、課長に提出する。

(3)　課長は、朝礼や職場会議、引継ぎ等においてヒヤリハット事例の報告を行わせるとともに、危険性が高く、重大災害や休業災害に結びつくおそれのある事例（以下「重大事例」という。）については、リスクアセスメントの実施を職場長に指示する。
　　（以降はリスクアセスメント実施要領に基づき実施する）

(4)　課長は上記にてリスクアセスメントの実施に該当しないものについては、計画的に改善を実施することを職場長へ指示する。

(5)　職場長はリスクアセスメントの実施に該当しないものについて内容および対策を確認し、対策を実施するまたはスタッフへ改善を指示する。
　　改善にあたっては、改善内容を必ず作業者に理解を求め、改善実施後についても作業者に効率等の低下がないか確認する。

(6)　課長は、重大事例に係る報告書の写しを、リスクアセスメントの実施結果と併せて安全衛生課に提出する。

(7)　安全衛生課は、各課から提出された重大事例を必要に応じ他の部署に周知する。

（以下　保管・管理方法　略）

（6）進捗状況の確認と改善

　安全衛生計画の実施項目が計画どおりに実施され、目標達成に向かっているかの進捗状況の確認をすることも安全衛生担当者の大切な役割です。確認方法は、安全衛生担当者が直接進捗状況の確認をし、安全衛生担当部門長や総括安全衛生管理者等に承認を得る等、事業場によりその方法は異なりますが、誰がどのような頻度で進捗状況の確認をし、誰が承認するかを明確にしておく必要があります。また進捗が著しく遅れていたり、目標に対しての達成状況が低く、達成の目処が立たない場合等は安全衛生計画の見直しを実施し、軌道修正する必要があります。この場合も誰がどのように見直しを実施するかを明確にしておく必要があります。

　進捗状況の確認や計画の見直し等はその状況が見えるように、安全衛生計画内に進捗状況の確認欄や見直し欄を設けることも効果的です。また一定の期間内で安全衛生担当部門長や総括安全衛生管理者等、安全衛生計画の責任者（承認者）がコメントをする欄等を設け、見えるようにすることも責任者の意思や考えが伝わり、有効です。

※四半期ごとにコメントをするような計画が近年増えています。

（7）達成・実施状況の評価と改善

　安全衛生計画が期間中にどれだけ実施できたか、どれだけ達成できたかを評価することも安全衛生担当者の役割のひとつです。「達成度合い」「実施状況」のどちらも実施職場（部門）から情報収集をし、まとめていきます。まとめられた実施状況や達成状況をどのように評価し、改善に結びつけていくかを定めておくことも大切です。評価についてはあらかじめ評価基準を決めておくとよいでしょう。安全衛生計画の実施状況や達成状況はPDCAのCAに該当し、事業者（トップ）へ報告し、次年度の計画に反映させる必要があります。これらについても手順を定め、役割を明確にしておくことが必要です。

事業場安全衛生計画(例)

□□工業　△△工場 平成○○年度 **安全衛生計画**	□□工業(株)△△工場　安全衛生方針 　私は、従業員の安全と健康の確保が企業活動の基盤であるとの認識の下、安全、健康で快適な職場を実現するため、このたび確立した労働安全衛生マネジメントシステムを適切に実施運用することにより、効果的に安全衛生活動を推進し、継続的な改善を図ることとしました。 　なお、労働安全衛生に関する法令及び当社規程をきちんと守ることは当然のことですから、事業者として違法に取り組んでいくこととします。ついては、私も自らすべきことは実行しますし、そのために必要な措置を講じますので、皆さんも、このことに理解いただき、私と一緒に取り組んでください。

前年度の概要
1.昨年度計画の反省 昨年度の計画について、以下の点について達成できなかった。 ①KYTの実施率が目標に対し82%であったこと ②職長以上を対象にしたマネジメントシステム教育が課長以上までしか実施できなかったこと ③定期健康診断実施率が95%であり、有所見率が60%であったこと →今年度の重点実施項目とする
2.災害の発生状況 休業-2件(第一-1、組立1) 不休-5件 主な原因：①挟まれ箇所が未是正 　　　　　②作業方法の徹底不足
3.リスクアセスメント実施概要 前年度の実施結果で、組立て工程以外の現場のワーク搬送設備の巻き込まれ、挟まれ箇所が多い事が判明し、未対策が15件であった。 →リスク低減措置の未対策について今年度重点実施項目とする
4.日常的な点検・改善の結果 進行管理は毎月、目標管理は3ヶ月ごとに確実に実施している。しかし、問題点の発見と具体的な指示が少ないので、それらを明確に記入すること。 →周知徹底の仕組みの見直し及び教育実施を今年度重点実施項目とする
5.内部監査の結果 主な指摘事項として、計画の進捗状況の確認への対応（計画進捗月次報告）が形骸化しつつある課がいくつかあることが判明した。 →仕組みの見直しを今年度重点実施項目とする

＊総括安全衛生管理者コメント（上期）

＊総括安全衛生管理者コメント（年間総括）

重点実施事項	実施事項内容	
職場リスクの低減	(1)リスクアセスメントの実施 挟まれ、巻き込まれ作業の実施	
	(2)前年度未対策の リスク低減措置実施	
安全衛生教育の実施	(1)該当法令の遵守 ・玉掛け有資格者の確保 ・新任職長教育の実施 ・雇入れ時教育の実施	
	(2)階層別教育の実施 新任部・課・係長研修	
	(3)OSHMS教育 目的と意義、役割と責任等	
安全衛生パトロールの実施	(1)幹部パトロールの実施 （部長以上・第2火曜日）	
	(2)産業医、衛生管理者パトロール実施 （毎週金曜日）	
	(3)安全スタッフパトロール実施 （第4火曜日）	
作業環境職場の維持、改善	有機溶剤使用職場の作業環境測定の実施(5箇所)	
総合的健康管理の推進	(1)定期健康診断受診管理による 受診率向上	
	(2)有所見者対象の保健指導の実施	
OSHMS実施運用の強化	日常点検、改善及び計画の進捗状況 手順書の見直し、周知教育の実施	

安全衛生部長 コメント 第一 四半期(4〜6月)	安全衛生部長 コメント 第二 四半期(7〜9月)

第2章　安全衛生年間計画

OSHMS規 － 様式○○

承認	審査	作成
総括安衛管理者	安全衛生部長	安全衛生課長

記
1　近年、労働災害の減少が足踏み状態にあるので、リスクアセスメントの一層の強化により、「安心、安全な事業場」づくりに努めること。
2　従来から健康管理が個別的かつ断続的に行われるに留まっているので、早急に総合的かつ継続的な健康管理の推進に切り替えるよう努めること。
　　　　　　　　　平成○○年4月1日　工場長 ○○ ○○

作成日：H○○年○月○日

実施目標	達成目標	実施部署	月 実施目標スケジュールと実績						備考
			4	5	6	7	2	3	

安全衛生部長 コメント 第三 四半期（10～12月）	安全衛生部長 コメント 第四 四半期（1～3月）

不許複製　中央労働災害防止協会

第3章　安全衛生委員会

　安全衛生担当者の重要な役割のひとつに、安全衛生委員会の運営があります。安全衛生委員会は労働安全衛生法で定められた委員会で、使用者と労働者の代表が安全衛生に関する事項について対等の立場で調査審議し、事業者へ具申する場です。ここでは安全衛生委員会についての基礎的な知識と運用について説明します。

（1）安全委員会と衛生委員会

　安全委員会および衛生委員会は業種、規模（労働者数）により設置の義務が異なってきます。まず自社に双方を設置する必要があるか把握する必要があります。

	安全委員会	衛生委員会
設置の要件	事業場ごとに設置する。 業種、規模による。 （労働安全衛生法施行令第8条参照）	事業場ごとに設置する。 常時使用労働者50人以上規模。 業種を問わない。
委員会の構成	議長･･･ 　事業者が指名する総括安全衛生管理者等事業を総括する者、または、準じた者 委員の構成･･･ 　議長を除く構成員の半数は、労働者の過半数で組織する労働組合または過半数を代表する者の推薦に基づき事業者が指名する。 安全管理者･･･ 　安全管理者のうちから事業者が指名した者（必須） 　少なくとも1名は構成員とする。 委員の人数･･･ 　法律で定めなし。	議長･･･ 　事業者が指名する総括安全衛生管理者等事業を総括する者、または、準じた者 委員の構成･･･ 　議長を除く構成員の半数は、労働者の過半数で組織する労働組合または過半数を代表する者の推薦に基づき事業者が指名する。 衛生管理者･･･ 　衛生管理者のうちから事業者が指名した者（必須） 　少なくとも1名は構成員とする。 産業医･･･ 　産業医のうちから事業者が指名した者（必須） 委員の人数･･･ 　法律で定めなし。
付議事項	労働安全衛生規則第21条に列挙（省略）	労働安全衛生規則第22条に列挙（省略）
委員会の開催	毎月1回以上	
議事概要の周知	委員会開催の都度、議事概要を遅滞なく周知すること。 周知方法は、掲示、書面交付など。	
記録・保存	議事は記録し、3年間保存	

> **安全衛生委員会とは**
> 　労働安全衛生法では安全委員会、衛生委員会を両方設けなければならない場合は、両委員会の職務を合わせ持つ安全衛生委員会を設置してもよいこととなっています。つまり安全衛生委員会とは安全委員会と衛生委員会をひとつの委員会にしたものです。

(2) 安全衛生委員会の準備

　安全衛生委員会の準備を進めることも、安全衛生担当者の役割です。安全衛生委員会は、事業者から指名された会社側、労働者側のメンバーが付議事項について審議する委員会であることから、欠席者が多数いたり、会社側、労働者側の出席人数に極端な偏りがあると公正な審議が行われなくなります。また産業医が専属でない事業場は、常駐でないため本来の医師業務により出席が困難になる場面もあります。

　効率よく安全衛生委員会を開催・運営するためには、年間で毎月の安全衛生委員会開催日を決定し、会社全体のスケジュール等に盛り込むことが大切です。こうすることによって事前に出席者に開催日程を案内し、予定を確保してもらうことができます。日程を決定する際は以下の事項に留意して下さい。

・開催日、開催時間、開催場所を明確にする
・他の会議や委員会等で出席者が重複しないように確認する
・産業医に来社して頂く場合は、あらかじめ出席可能日を把握しておく

決定された安全衛生委員会の年間日程は、出席者に案内すると同時に、掲示板やWeb上等で見えるようにし、労働者へ周知することも行いましょう。

（3）安全衛生委員会の運営

安全衛生委員会は、議長が運営をしますが、委員会を円滑に運営するためには、安全衛生担当者はさまざまな支援やサポートをしていく必要があります。例えば、事務局などの役割を担ったり、委員会進行などの役割をすることもあります。安全衛生委員会の中でどのようなことを審議・報告・連絡等をするかも事前に検討し、議長と決めておくことも大切です。

労働安全衛生法に定められた付議事項を含め、限られた時間の中で円滑に運営するためには、審議すべき内容と時間配分を決めておく必要があります。また、安全衛生委員会の中で労働者の意見や作業の中で問題と感じていることなどを取り上げられるように、労働者のいろいろな意見を反映できるしくみを作っておくことも、より良い安全衛生委員会にするために必要です。

＜労働者の意見を反映する例＞

・部署や職場ごとに意見を聞ける場（ミーティング等）をつくる
・自由に意見を投稿できる箱等を設置する
・労働者の意見を聞き、反映するための手順を定めておく

　安全衛生委員会が終了したら、議事録を作成します。安全衛生委員会の議事録は全労働者へその内容を周知し、3年間保存する大切なものです。そのため、どのようなことが議論・審議されたか、また報告・連絡事項は何があったかなどをわかりやすくまとめる必要があります。あまり簡潔化したり、長文化することは議事録としては好ましくありません。また、議題や審議事項のみを並べて、その詳細が見えない議事録も内容が伝わりません。良い議事録を作成するためには、録音できる機材を使用したり、記録者を別に選任しておく等でしっかりと内容を把握し、要点をまとめることが大切です。

　議事録を作成したら、最終的に議長から議事録の承認を得るまでの手順もしっかりと決めておきましょう。

第4章　安全衛生教育

（1）安全衛生教育の必要性

　安全衛生活動を展開していく上で欠かせないのが安全衛生教育です。これは、いくら安全衛生管理のしくみを構築し、機械設備の安全化や作業環境、作業方法の改善など物的要因のリスクを低減しても、作業者による操作ミスなどの不安全行動により災害が発生するおそれがあるからです。

　厚生労働省が平成22年に製造業で発生した休業4日以上の労働災害28,644件の分析調査では、その原因として「不安全状態のみ」が認められたものが全体の3％、「不安全行動のみ」が認められたものが2％、「不安全状態」、「不安全行動」がともに認められたものが95％であり、「不安全状態および不安全行動」とも認められないものはわずか1％となっています。「不安全状態」、「不安全行動」をいかに職場から排除していくかが安全管理の目的といえます。

不安全行動の原因		教育の種類と内容
知らなかった	知識教育	機械、設備の構造、機能、性能など 材料や原料の危険性、有害性 災害発生の原因と正しい作業の方法 作業に必要な法規、規程、基準など
できなかった	技能教育	作業のやり方、操作の仕方、点検や異常時の措置など それぞれの作業の技能、技術力の向上
やらなかった	態度教育	職場の危険の種類や大きさを教え、安全に作業をしようとする意欲や心構えを育てる 職場規律や安全規律を身につけさせる

　以上より、安全に作業をするためには、安全衛生教育が必要であり、知識教育、技能教育、態度教育の3つの教育が不可欠です。

知らなかった　　できなかった　　やらなかった

(2) 安全衛生教育の種類

　安全衛生教育は、労働安全衛生法令上実施することが義務づけられている教育と、個々の事業場が自主的に取り組む教育と大きく2種類あります。

　法令上実施することが義務づけられている教育の中には、一定の危険有害業務に労働者を就かせる場合には、資格取得や特別教育を実施するよう義務づけているものがあります。これは過去の労働災害から、知識や技能があれば防止できたケースが多数認められたからです。

　また、自主的に取り組む教育の中には指針、通達、ガイドライン等に基づき、義務づけにはなっていないが、推奨される教育等もあります。

　労働安全衛生法において義務づけられている教育を実施するのは当然ですが、労働災害防止という観点からも安全衛生教育は重要で欠かせないものです。

(3) 労働安全衛生法令に基づく教育、免許、資格

　労働安全衛生法令上実施することが義務づけられている教育は次のようなものがあります。
　①雇入れ時の教育（労働安全衛生法第59条第1項）
　②作業内容変更時の教育（労働安全衛生法第59条第2項）
　③特別教育（労働安全衛生法第59条第3項）
　④職長等教育（労働安全衛生法第60条）

⑤危険又は有害な業務に現に就いている者に対する安全衛生教育（労働安全衛生法第60条の2）
⑥安全管理者等に対する能力向上教育（労働安全衛生法第19条の2）

　それぞれの教育には、実施すべき業種や教育内容等が定められています。まずは事業場に必要な法令上に基づく教育を把握しましょう。

　なお、新たに安全管理者に選任される場合は、労働安全衛生規則第5条第1号の規定に基づき、一定の学歴と実務経験のある者に対して、一定の研修（安全管理者選任時研修）を修了することが必要とされています。

例）雇入れ時・作業内容変更時の教育
　　・雇入れ後、作業内容変更後に実施する
　　・教育事項　（労働安全衛生規則第35条第1項）
　　　　①機械等、原材料等の危険性又は有害性及びこれらの取扱い方法
　　　　②安全装置、有害物抑制装置又は保護具の性能及びこれらの取扱い方法
　　　　③作業手順
　　　　④作業開始時の点検
　　　　⑤当該業務に関して発生するおそれのある疾病の原因及び予防
　　　　⑥整理、整頓及び清潔の保持
　　　　⑦事故時等における応急措置及び退避
　　　　⑧その他必要な事項
　　・十分な知識及び技能を有する者は教育事項の省略可（労働安全衛生規則第35条第2項）

　また特別教育については、労働者に就かせる業務が危険有害業務に該当するかを把握し、該当する場合は適切に教育を実施しましょう。

対象業務：労働安全衛生規則第36条に対象業務を列挙
　　　　　　（例　研削といし取替え、低圧電気操作、産業用ロボット）
特別教育のカリキュラム等：厚生労働省告示の安全衛生特別教育規程等で決められている。
特別教育の省略：十分な知識及び技能を有する者は教育科目の省略可
記録の保存：受講者、科目等を記録、3年間保存

　これらの教育を実施するには、社内で講師またはインストラクターを育成し、社内教育を実施する方法や自社だけで実施することが困難な場合は、安全衛生関係団体等が開催する研修会等を活用して、教育を実施する方法があります。
※特別教育のインストラクター養成研修は、中央労働災害防止協会の安全衛生教育センター（東京、大

阪）で実施しています。

　上記以外に労働安全衛生法第61条に就業制限が記載され、一定の危険有害業務は、有資格者（免許取得者または技能講習修了者等）でなければ、その業務に就かせてはならないこととなっています。これらは外部機関での対応が多く、計画的に資格を取得させなければなりません。特別教育同様、該当業務を把握し、もれなく資格を取得させましょう。

＜免許が必要な業務の例＞（労働安全衛生規則第62条、労働安全衛生規則別表第4）

　第1種衛生管理者免許
　第2種衛生管理者免許
　衛生工学衛生管理者免許
　高圧室内作業主任者免許
　ガス溶接作業主任者免許
　特級ボイラー技士免許
　1級ボイラー技士免許
　2級ボイラー技士免許
　エックス線作業主任者免許
　ガンマ線透過写真撮影作業主任者免許
　クレーン・デリック運転士免許
　移動式クレーン運転士免許
　潜水士免許

＜技能講習が必要な業務の例＞（労働安全衛生法第76条、労働安全衛生法別表第18）

　プレス機械作業主任者
　特定化学物質作業主任者
　四アルキル鉛等作業主任者
　鉛作業主任者
　有機溶剤作業主任者
　石綿作業主任者
　酸素欠乏危険作業主任者
　酸素欠乏・硫化水素危険作業主任者
　ガス溶接
　フォークリフト運転
　玉掛け

（4）自主的に取り組む教育

　自主的に取り組む教育は、法令では義務づけられていませんが、指針、通達、ガイドライン等に基づき推奨されている教育や、労働災害を未然防止するために事業場独自で行う教育があります。これらの教育は事業場のあらゆる業務や危険有害な作業を把握し、事業場の実態にあったものを実施しなければなりません。

＜指針、通達、ガイドライン等に基づき推奨されている教育の例＞

- VDT安全衛生教育
　「VDT作業における労働衛生管理のためのガイドラインについて」
　平成14年4月5日　基発第0405001号
- 腰痛予防安全衛生教育
　「職場における腰痛予防対策指針」　平成25年6月18日　基発0618第1号

＜事業場独自で行う教育の例＞

- 作業手順書の教育
- 日常安全衛生活動教育（危険予知活動、ヒヤリハット活動、5S活動等）
- リスクアセスメント教育
- メンタルヘルス予防に関する教育
- 災害事例を用いた教育

（5）安全衛生教育計画の作成と管理

　安全衛生教育は法令に基づき実施するものや自主的に実施するもの、また免許や技能講習等もあり、確実に実施していくことは大変です。そこで安全衛生教育計画を作成しておくことが必要です。すでに事業場で教育部門の計画や他のしくみに教育計画があれば、そちらに盛り込むことでも差し支えありません。ただし、計画を作成したら、確実に進捗状況を把握し、管理していかなければなりません。特に免許や技能講習は外部機関で実施することが多いことから、あらかじめ日程と場所を把握し、受講申請手続き等も確認しておく必要があります。また免許等は試験があることが多く、免許取得が困難なこともあります。
　これらを考慮し、免許取得に向けた勉強会や講習会等の開催を調査し、受講者へ推薦することも安全衛生担当者の役割（気配り）といえます。

（6）効果的な教育への工夫

　安全衛生教育は従業員が災害に遭わないための大切な教育です。しかし自主的に受講することは少なく、上司からの指示で仕方なく受講しているケースも少なくないでしょう。

安全衛生教育は受講生がしっかり内容を把握し、自分たちで危険から身を守るための感受性を持つようにならなければなりません。受講生の受講する意思や態度が変わっていくためには、教育の運営方法やカリキュラムに工夫することも効果的です。ここでは工夫の一例を紹介します。

＜カリキュラムの工夫例＞

ただ講義を聴いているだけではなく、実践や演習を取り入れたカリキュラムを考えます。グループ討議などをさせることでも意見が共有され効果的です。

①講師の工夫

講師は教育する業務に一番詳しい人に実施していただくことが効果的です。

全て安全衛生を担当する者や教育担当部門が実施するのではなく、職場の管理職などに一躍を担ってもらうことや複数の講師で実施することも大変効果的です。

②身近な事例や職場を使う

実際に身近な事例を使うことで受講生も親近感が湧き、受け入られます。特にリスクアセスメントなどの教育ではいろいろな職場を使用し、普段あまり見ることのない他職場を使うことも効果的です。

③効果を見る

必ず教育の効果を見ることに心がけます。理解度テストやアンケートなどが一般に多く活用されていますが、ある一定期間をおき、フォローアップ研修などをすることも職場に戻ってから教育がどのように役に立ったかや、内容を覚えているかなどの確認をして、教育の効果を見ることができます。また、アンケートでは運営や講師、カリキュラムなどについても意見を聞き、今後に生かすことにより更なる向上した教育を目指すことができます。

第5章　関係法令に基づく実施事項

（1）届出・報告・点検等

労働安全衛生法については第1編で概要を説明しましたが、ここでは法令を把握し、実施すべき事項について説明します。

大きくは、労働基準監督署長等の行政官庁の長に届出または報告するものと、法令に基づき点検するものに分かれます。

＜主な届出、報告等＞（提出先は所轄労働基準監督署長）
- 計画の届出（一定の機械・設備の新設・変更）
- 安全管理者、衛生管理者、産業医等の選任報告（解任含む）
- 健康診断（一般健康診断、特殊健康診断）結果報告
- 労働者死傷病報告書
- 事故報告（移動式クレーンの転倒等）

計画の届出（労働安全衛生法第88条）については、届出の対象、必要な書類、届出期限等がありますので確認が必要です（参考104頁）。

届出の例

> **機械等の設置・移転・変更届**
> 局所排気装置、プッシュプル型換気装置等を設置・移転・変更するときは、30日前までに、所轄労働基準監督署長へ届出

また、労働安全衛生法には、ボイラーやクレーンなどの特定機械等に関するさまざまな規制について規定しています。具体的には、製造の許可（第37条）、製造時等検査等（第38条）、検査証の交付等（第39条）、使用等の制限（第40条）などが定められています。

点検については労働安全衛生法第45条に定められ、定期自主検査と特定自主検査を実施する必要があります。

＜定期自主検査＞
対象機械等（労働安全衛生法施行令第15条　一部抜粋）

ボイラー、クレーン、エレベーター、ゴンドラ、フォークリフト、動力プレス機械、化学設備、乾燥設備、局所排気装置、プッシュプル型換気装置、除じん装置、排ガス処理装置、排液処理装置（有機溶剤中毒予防規則、特定化学物質障害予防規則、鉛中

毒予防規則)、特定化学設備など
検査頻度
・それぞれの機械等に対し、検査頻度が定められている
（例　特定化学物質障害予防規則の特定化学設備、同付属装置は2年以内ごとに1回の自主検査）
3年間の記録保存

＜特定自主検査＞
自主検査対象のうち一定のもの（労働安全衛生法施行令第15条）
　動力プレス機械、フォークリフト、車両系建設機械、不整地運搬車、高所作業車
検査者は資格が必要
　資格のある検査業者、資格のある事業場内検査者
検査標章のはり付け

（2）安全措置

　労働安全衛生法では、労働者の危険または健康障害を防止するための措置や、機械等ならびに危険物および有害物に関する規制についても定めています。この中では事業者の講ずべき措置等や元方事業者の責務、機械の構造規格や型式検定等などについて定められています。安全衛生担当者は事業場に該当する安全措置を把握することが求められますが、機械の構造等について専門的なことがわからない場合は、設計部門や技術部門等の専門的に機械に携わる部門に安全措置等に関する知識を習得させ、実態の把握に協力してもらうことも必要です。

(参考)

労働安全衛生法

＜労働者の危険又は健康障害を防止するための措置（抜粋）＞

事業者の講ずべき措置等（第20条～第27条）

技術上の指針等の公表等（第28条）

事業者が行うべき調査等（第28条の2）

元方事業者の講ずべき措置等（第29条、第29条の2）

特定元方事業者等の講ずべき措置（第30条～第30条の3）

注文者の講ずべき措置（第31条～第31条の3）

請負人の講ずべき措置等（第32条）

機械等貸与者等の講ずべき措置等（第33条）

建築物貸与者の講ずべき措置（第34条）

重量表示（第35条）

＜機械等並びに危険物及び有害物に関する規制（抜粋）＞

第1節　機械等に関する規制

製造の許可（第37条）

製造時等検査等（第38条）

検査証の交付等（第39条）

使用等の制限（第40条）

検査証の有効期間等（第41条）

譲渡等の制限等（第42、43条、第43条の2）

個別検定（第44条）

型式検定（第44条の2）

型式検定合格証の有効期間等（第44条の3）

型式検定合格証の失効（第44条の4）

定期自主検査（第45条）

第2節　危険物及び有害物に関する規制

製造等の禁止（第55条）

製造の許可（第56条）

表示等（第57条）

文書の交付等（第57条の2）

第57条第1項の政令で定める物及び通知対象物について事業者が行うべき調査等（第57条の3）

化学物質の有害性の調査（第57条の4～第57条の5）

国の援助等（第58条）

第6章　労働衛生

（1）労働衛生の管理とは

　労働衛生活動は労働者の健康障害を予防し、健康を保持増進することを目的としています。よってこの目的を達成するために総合的な労働衛生管理を進め、事業場や職場で発生する具体的な問題や有害要因に対処する必要があります。そのために労働衛生について3つの側面（作業環境管理、作業管理、健康管理）から管理していくことが大切であり、これを「3管理」といいます。最近では総括管理と労働衛生教育（管理）も追加して、5つの側面から管理し、円滑に、また効果的に衛生活動を推進するための管理を実施する事業場も増えてきています。これを「5管理」といいます。

　本書ではこの5管理について説明します。

　事業場では、「3管理」「5管理」のどちらで管理を実施しても問題はありませんが、本来の目的を考え、効果的に管理できるものを選択することが大切です。

＜労働衛生　5管理＞

①作業環境管理

　作業環境中の有害要因の状態を把握して、できる限り良好な状態で管理していくことです。作業環境中の有害要因の状態を把握するために、作業環境測定を実施します。

②作業管理

　作業方法や作業手順の中で、有害要因のばく露や作業負荷による健康障害を予防するために管理していくことです。作業負荷の軽減やばく露予防のための作業方法を定めていきます。改善が実施されるまでの間の一時的な措置として保護具を適切に使用させることなども含まれます。

③健康管理

　労働者個人個人の健康の状態を把握するために健康診断を実施し、健康の異常を早期に発見したり、その進行を防止したり、健康状態に回復するための医学的および労務管理的な措置をすることです。また、健康の保持増進のための措置を講じることです。

④総括管理

　労働衛生の3管理（作業環境管理、作業管理、健康管理）を円滑、かつ効果的に進めるために必要なものが安全衛生管理体制です。事業者は労働衛生管理の重要性を認識し、安全衛生委員会の適正な運営と同時に、スタッフに必要十分な権限を付与し、その責任体制の明確化を図ることが求められています。

⑤労働衛生教育（管理）

　第4章の安全衛生教育で説明した中の労働衛生に関する教育を実施することです。労働衛生に関する法令に基づく教育のほかに、健康教育や健康保持増進のための教育も含

まれます。健康教育には、一般的な健康教育や肥満、高血圧等特定の目的の健康教育や食中毒・伝染病の予防教育も含まれ、健康保持増進のための教育などがあります。

なお、労働衛生管理の中で労働衛生5管理はその中核で、作業者が労働衛生5管理についての正しい理解をすることが大切です。この理解を深めることを目的として労働衛生教育を行います。また総合的に労働衛生対策を効果的に進めるためには、産業医や衛生管理者等の労働衛生専門スタッフと連携を取っていくことも大切です。

(2) 安全衛生担当者の関わり

労働衛生管理や活動を安全衛生担当者が直接行うことは少ないと思われます。実際は産業医や衛生管理者、各種作業主任者等が主体となり、その職務を中心に活動を推進していきます。しかし、上記の者が専属でその職務を行っていない場合は、ほかの業務と兼務で行っているため、職務が滞ったり、場合によっては実施されないことも考えられます。そこで安全衛生担当者は実施すべき事項を把握し、その進捗確認とサポートをすることが求められます。

具体的には、例として
- **作業環境測定の日程確認と実施状況の確認**
- **健康診断（特殊健康診断含む）の日程と実施状況の確認**
- **作業方法改善の支援、協力**
- **労働衛生教育の把握と計画作成、実施の確認**
- **産業医、衛生管理者、各種作業主任者のサポート**
- **健康管理担当者と連携した活動**

などが挙げられます。

またこれらの事項について、しくみ（文書化、標準化等）にしていくために、原案を作成したり、組織活動に展開するなどの工夫をすることも必要です。

第7章　労働災害発生時の対応

（1）労働災害が発生したら

労働災害は起こってはならないものですが、もし労働災害が発生したらどのように対処すべきかを決めておく必要があります。よく見られる例として、労働災害が発生した際に安全衛生を担当する部門や健康管理を担当する部門への連絡体制の整備があります。まず最優先に被災者の処置を実施し（必要によっては病院等へ搬送し）、続いて事業者や総括安全衛生管理者、関係者に連絡をします（**図7**）。

これらは一例ですが、このようにまず労働災害が発生したらどのように行動するか、またどのようなルートで誰に連絡するのかなどを決めておく必要があります。このとき、被災者への対応が最優先であることに留意してください。併せて、外部の病院等をあらかじめ把握し、被災状況によって搬送先を決めておくことも大切です。これらを労働者が見える場所にフローなどにして掲示しておくことも大切です。

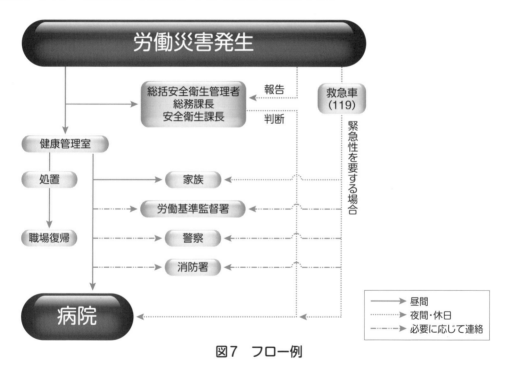

図7　フロー例

また、労働災害の発生について事業場内に速報として連絡することも大切です。特に同じ作業や類似災害の発生のおそれのある職場には、すぐに状況を連絡し、同災害発生のおそれがないか確認をしてもらう必要があります。このように情報の共有を図るために安全衛生担当者は大切な役割を担っています。

（2）労働災害の原因調査と対策実施

労働災害が発生した職場については、真の原因を調査し再発防止のための対策を講じなければなりません。これらは労働災害を発生させた職場の管理者等が中心となって実施します。安全衛生担当者は、原因調査や対策の検討・実施にあたり、労働災害発生のメカニズムをよく知り、原因調査方法の様式化や、さまざまな側面から原因を調査できるようにするなど専門的目線から関わります（図8）。対策の検討においては、他の職場や他の事業場等で効果的な対応がないか調査し、情報提供をすることや対策を検討する上での専門的アドバイスなどが挙げられます。また、労働災害発生原因の調査から対策実施までについては、その責任を明確にし、しくみ（または標準化）にしておくことも大切です。

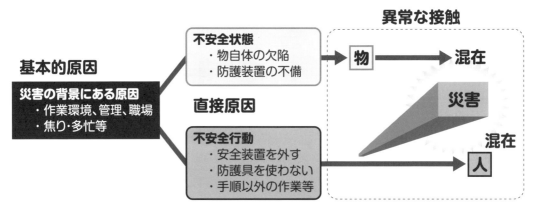

図8　労働災害発生のメカニズム

＜原因調査の着眼点＞

直接原因

物的面（物の不安全状態）	人的面（人の不安全行動）
物自体の欠陥	安全装置等を無効にする
防護装置の欠陥	安全措置の不履行
物の置き方、作業箇所の欠陥	不安全な放置
保護具、服装等の欠陥	危険な状態を作る
作業環境の欠陥	機械、装置等の指定外の使用
部外的、自然的不安全な状態	運転中の機械、装置等の掃除、注油、修理、点検等
建築物、構築物の欠陥	保護具、服装の誤り
その他の不安全状態	危険場所等への接近
不安全状態なし	その他の不安全な行為
	運転の失敗（乗物）
	誤った動作
	その他
	不安全行動なし

基本的原因（4Mの観点から）

人間的要因（Man）

心理的要因
- 無意識行動（習慣的・反復的な動作）
- 危険感覚の欠如（大丈夫だろうという気持ち）
- 憶測判断・先入観
- 錯覚（見間違い・聞き違い）
- 忘却（もの忘れ）
- 多忙、焦り
- 集中力の欠如
- 過度な緊張
- 羞恥心（ミスを隠そうとする気持ち）
- 没頭、懸命（周囲の異変に気づかない）
- その他
- 心理的要因なし

生理的要因
- 筋肉疲労（重量物の運搬、反復動作等）
- だるさ、倦怠感
- 身体的機能の低下（視力、聴力、筋力等）
- 疾病（持病等）
- その他
- 生理的要因なし

職場的要因
- 職場の人間関係
- コミュニケーションの不足
- チームワークの不足
- 監督者のリーダーシップ不足
- その他
- 職場的要因なし

設備的要因（Machine）
- 設計上の欠陥
- 危険防護の不良
- 本質安全化の不足（フールプルーフ、フェールセーフ、安全確認型システム等）
- 人間工学的配慮の不足（不自然な姿勢、操作性の悪さ等）
- 標準化の不足
- 点検設備の不足
- その他
- 設備的要因なし

作業的要因（Media）
- 作業情報（打合せ、会議、連絡、指示等の内容）の不適切
- 作業方法の不適切
- 作業姿勢、作業動作の欠陥
- 作業空間の不良
- 作業環境の不良（空気環境、温湿度、照度等）
- その他
- 作業的要因なし

管理的要因（Management）
- 管理組織の欠陥
- 規程・マニュアル類の不備、不徹底
- 安全管理計画の不良
- 教育・訓練の不足
- 部下に対する監督・指導の不足
- 適性配置の不十分
- 健康管理の不良
- その他
- 管理的要因なし

第8章　職場とのコミュニケーション

（1）職場に足を運ぶ

　安全衛生担当者自ら各職場へ足を運び、職場とコミュニケーションをとることが大切です。
　課題や問題点を発見し、新しい活動を展開していくには、職場の情報がないと何もできません。事業場や職場で抱えている課題から逸脱した安全衛生活動を展開すると効果を生まないだけでなく、職場への負荷につながり職場からの信頼を失い、今後安全衛生活動を進めるにあたり職場の協力を得ることは難しくなってきます。
　はじめはスムーズにいかないかもしれませんが、こちらから積極的に挨拶をしたり話しかけることにより顔を覚えてもらえ、協力してもらえるでしょう。また危険な場所や危険な作業等について意見を聞いたり、困っていることなどを問いかけてみることも効果的です。
ただし、以下の点には十分注意してください。
　①業務・作業の邪魔をしない
　②各職場の上司にも声をかける（はじめに挨拶したり、了解をとる等）
　③出された意見や要望については何らかの回答をする

(2) 職場に仲間をつくる

　各職場に仲間をつくることも大切です。職場ごとに安全衛生担当者やスタッフを配置しているところは、これらの者と積極的に情報交換や職場の問題点の吸い上げを行い、職場の効果的な活動につなげていくことが職場の活性化につながります。また職長等が安全衛生のキーパーソンになっている職場では、職長から課題・問題点を収集し、職場の改善につながる活動のモデル職場になってもらうことや、新しい活動を展開するためのテスト職場になってもらい、まずは率先して安全な職場になってもらうことも職場の活性化につながります。また、職場で解決できない問題は、事業場全体の安全衛生計画や活動に落とし込むことにより、対策を実施していきます。

　本当に必要とされる安全衛生活動を実施するためには、職場に足を運び、職場とコミュニケーションを取り、課題・問題点を発見することが第一歩です。

第3編 実践・安全衛生活動 応用編

第1章 OSHMSとリスクアセスメント

(1) 労働安全衛生マネジメントシステムとは

　労働安全衛生マネジメントシステムとは、事業者が労働者の協力の下に、「計画（Plan）-実施（Do）-評価（Check）-改善（Act）（以下「PDCA」という。）」という一連の過程を定めて、継続的な安全衛生管理を自主的に行うことにより、事業場の労働災害の防止を図るとともに、労働者の健康の増進および快適な職場環境の形成の促進を図り、事業場における安全衛生水準の向上に資することを目的とした、新しい安全衛生管理のしくみです。

　こうした新しい安全衛生管理が必要とされる背景には、労働災害の減少率に鈍化の傾向が見られる中で、安全衛生管理のノウハウを蓄積したベテランの担当者が定年等により退職することなどにより、事業場において安全衛生管理のノウハウが十分に継承されず、その結果、事業場の安全衛生水準が低下し、労働災害の発生につながるのではないかという危惧があるからです。

　また、労働災害が減少していく中で、事業場によっては年間を通して無災害であることも珍しくなくなりつつありますが、無災害である職場が必ずしも「労働災害の危険性のない職場」であることを意味するものではありません。つまりそれらの職場においても労働災害の危険性が内在しているおそれがあることから、この潜在的危険性を減少させるための継続的な努力が求められます。

　このような中で、今後、労働災害の一層の減少を図っていくためには、事業場においてPDCAという一連の過程を定めて、組織的かつ継続的に実施する安全衛生管理に関するしくみを確立し、事業活動と一体となって適切に運用されることが重要です。

> 労働安全衛生マネジメントシステムは**OSHMS**（**O**ccupational **S**afety and **H**ealth **M**anagement **S**ystemの略）とも呼ばれています。

(2) 労働安全衛生マネジメントシステムの基本的考え方と特徴

　厚生労働省では平成10年に「労働安全衛生管理システム検討会」を設置し、労働安全衛生マネジメントシステムを導入することの意義、その基本的考え方、その内容等について8項目にまとめています。

　①労働災害の防止を目的とし、安全衛生水準の向上を図るために導入するものであっ

て、具体的な安全衛生対策をより効果的かつ効率的に実施するためのものとする。
②現行の労働安全衛生法等を前提とし、これまでの労働安全衛生法を中心にした体系および内容を変更しないものとする。
③事業者が安全衛生対策を自主的に行うための指針であって、強制的な指針ではないものとする。
④すべての規模の事業場、すべての業種の事業場を対象としたものとする。
⑤危険予知活動、ヒヤリハット運動等従来からの現場の安全衛生活動の積み重ねを尊重する考え方を盛り込んだものとする。
⑥労使の協議と協力による全員参加の理念を基本とし、その趣旨に反してまで導入されるものではない。このため、労働安全衛生マネジメントシステムの導入にあたっては、労働者の代表の意見を聴くものとする。
⑦労働安全衛生マネジメントシステムに関係する国際的な動向に適切に対応するとともに、わが国内外の既存の基準にも配慮したものとする。
⑧安全衛生対策の実施事項の特定について、健康管理等も、実施事項の対象となる。

また、労働安全衛生マネジメントシステムは、以下の4つの特徴を持っています。
1）PDCA構造の自律的システム
2）手順化、明文化および記録化
3）危険性または有害性等の調査等
4）全社的な推進体制

1) PDCA構造の自律的システムについて
　　労働安全衛生マネジメントシステムは、日常の場面では、PDCAといった連続的な安全衛生管理を継続的に実施するしくみに基づき、安全衛生計画の適切な実施・運用がなされることが基本となっています（**図9**）。これに加えて従来の安全衛生管

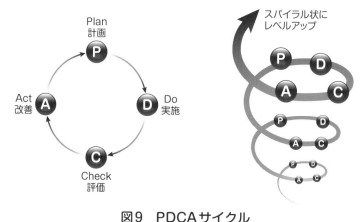

図9　PDCAサイクル

理ではなじみが薄いシステム監査を実施することによりチェック機能が働き、労働安全衛生マネジメントシステムが効果的に運用されれば、安全衛生目標の達成を通じ、事業場の安全衛生水準がスパイラル状に向上することが期待されます。

2) 手順化、明文化および記録化について

　労働安全衛生マネジメントシステムを適切に運用していくためには、事業場において関係者の役割、責任および権限を明確にする必要があり、これらについては文書で定めることになっています。

3) 危険性または有害性等の調査

　労働安全衛生マネジメントシステムにおいては、労働災害の防止を図るため、建設物、設備、原材料、作業方法等を新規に導入する場合はもとより、現在使用しているもの、さらには現在行っている作業方法についても、リスクに変化が生じたときなどには危険性または有害性を特定し、労働者の危険または健康障害を防止するため必要な措置を実施するようになっています。

4) 全社的な推進体制

　労働安全衛生マネジメントシステムでは、事業者によって安全衛生方針の表明がなされます。また、労働安全衛生マネジメントシステムの管理を担当するシステム各級管理者と、その役割、責任および権限が定められ、労働安全衛生マネジメントシステムを適切に実施・運用する体制が整備されます。さらに、事業者により定期的に労働安全衛生マネジメントシステムの見直しが行われます。このようにして、安全衛生を経営と一体化するしくみが組み込まれ、トップの指揮のもとに全社的に安全衛生が推進されるものとなっています。

　また、平成18年4月から施行となった改正労働安全衛生法では、総括安全衛生管理者の職務等に労働安全衛生マネジメントシステムの内容である安全衛生に関する方針の表明、安全衛生に関する計画の作成、実施、評価および改善に関する事項等が盛り込まれ、安全管理者や職長にシステムやリスクアセスメントに関する教育が義務づけられるなど、法律的にも組織のそれぞれの職制等に応じた取り組みが盛り込まれ、全社的な推進体制の充実が図られました。

(3) 労働安全衛生マネジメントシステムの有効性とその効果

　労働安全衛生マネジメントシステムは、安全衛生管理を経営と一体化させ、安全衛生管理のノウハウを適切に継承し、その効果的かつ継続的な実施を可能とするしくみです。これを適切に運用することにより、労働災害のさらなる減少、そして安全衛生水準の一層の

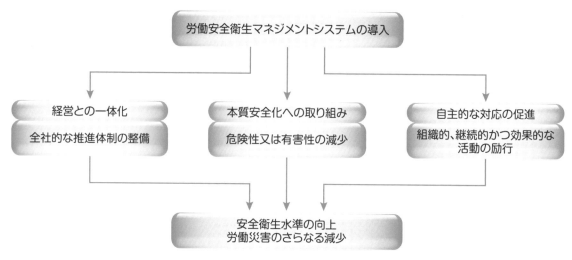

図10　労働安全衛生マネジメントシステムの導入の意義

向上が実現できるのです（**図10**）。

（4）労働安全衛生マネジメントシステムの導入

　労働安全衛生マネジメントシステムについて説明しましたが、新しいしくみということで難しさを感じたのではないでしょうか。しかし、決して難しいものではありません。このしくみは従来の安全衛生活動に手順やしくみなどを追加することでさらに安全衛生水準の向上した安全衛生活動になり、現状のノウハウや活動・方法を標準化することにより事業場の安全文化の土台となっていきます。また事業場トップの考え方を目標、計画に落とし込み、事業場一体となった活動が展開され、職場ではトップの考え方をもとにヒヤリハットや職場巡視（安全衛生パトロール）等の諸活動が実施され安全衛生活動が活性化し、トップダウンとボトムアップ活動の融合が実現されます。

　ただし、しくみを導入するためには経営資源（ヒト、モノ、カネ）の投入が必要になることから事業場のトップがしくみを導入することを意思決定することが必要です。導入が決定すれば、いつまでにしくみを立ち上げ運用を開始するかの日程を決め、導入計画を作成します。この際、導入を従業員へ表明するタイミング（キックオフ等）としくみをいつから正式に運用するか等のタイミングをよく考え、実現可能な導入計画を策定します。しくみの構築に携わる者や期間をよく考慮し、しっかり計画の進捗状況を確認していけば、導入は決して難しいものではありません（**図11**）。

第1章　OSHMSとリスクアセスメント

実施事項	準備・情報収集	構築・運用
組織体制	・OSHMS事務局設置 ・情報収集 ・知識習得（研修受講） ・予算の見積り／確保 ・構築（導入）スケジュールの作成 ・トップへの説明と内諾 　（導入の可否） ・推進者の選任 　（委員会の立ち上げ）	・キックオフ（OSHMS導入宣言） ・推進委員会の決定（発足） ・リスクアセスメント検討委員会、 　システム監査立ち上げチームの決定（発足）
教育・周知	・幹部／管理者への教育 ・推進者への教育	
安全衛生方針／目標／計画	・方針の表明にあたっての情報収集 　・労働災害の状況 　・安全衛生計画の達成状況 　　　…など ・目標設定／計画作成にあたっての情報収集 　・方針 　・労働災害の状況 　・安全衛生計画の達成状況 　　　…など 　・労働者の意見……など	・方針の表明 ・目標の設定 ・計画の作成 ・計画の実施 →
教育・周知		・方針の周知 ・目標の周知 ・計画の周知
しくみ／文書化の整備（明文化）	・現状把握 　・既存文書／標準類の把握 　・自己調査（チェック）と必要文書の把握 　・他のしくみの把握 　　　……など	・文書類の整備／作成 ・各部署／職場への展開
教育・周知		・全従業員への教育 ・文書類の周知
リスクアセスメント		・リスクアセスメントの手順（案）の検討 ・リスクアセスメント実施方法等の作成（見積り基準含む） ・リスクアセスメントモデル職場の選定と試行 ・見直し ・リスクアセスメント実施方法の決定 ・リスクアセスメントの実施 →
教育・周知	・事務局／推進者の研修受講	・リスクアセスメント検討委員会のメンバーへ教育 ・管理監督者／従業員への教育
システム監査		・システム監査実施手順の検討 ・チェックリストの検討／作成 ・システム監査実施方法の決定 ・システム監査実施説明会 ・システム監査実施 →
教育・周知	・事務局／推進者の研修受講	・内部監査員養成研修
OSHMSの見直し（マネジメントレビュー）		・OSHMS見直し手順の検討　・OSHMSの見直し ・OSHMS見直し手順の決定　・システム監査結果による見直し 　　　　　　　　　　　　　・しくみの運用結果／計画の達成度合いからの見直し 　　　　　　　　　　　　　　　　……など 次年度の方針／目標／計画　検討へ

図11　労働安全衛生マネジメントシステム　構築スケジュール（例）

(5) リスクアセスメントの考え方

　労働者の安全と健康を確保するために、単に「労働安全衛生法令を遵守すればよい」といった考え方は過去のものとなっています。今日では、事業者は労働者の安全と健康の確保にできる限り努めなければならないというのが、社会の当然の要請になっています。この要請に応えるためには、事業者は「可能な限り事業場の安全衛生水準を最大限に高めることができる方法」を組み込んだ安全衛生管理を行う必要があります。
　これを実現するための有力な方法のひとつがリスクアセスメントです。

　リスクアセスメントは
　①事業場のあらゆる危険性または有害性を洗い出し
　②それらのリスクの大きさを見積り
　③労働者保護の観点から優先的に対処しなければならないものを個別に具体的に明らかにする

ことを体系的に進める手法です。さらに具体的に明らかになったリスクに対して、リスクを低減させるための措置を検討し、実施することにより事業場の安全衛生水準を高めていく安全先取りの手法です。

　現在、多くの事業場で職場に存在する危険性または有害性を見つけ出し、事前に安全衛生対策を立てるために、職場巡視（安全衛生パトロール）、ヒヤリハット報告、危険予知（KY）活動などが一般的に行われていますが、これらの取り組みも広い意味では安全先取りの手法のひとつといえます。リスクアセスメントは、これらの経験的な活動に対し、体系的、合理的に進める点に特徴があります。

(6) リスクアセスメントの基本的な手順

リスクアセスメントの基本的な手順は次のとおりです（**図12**）。

＜手順1：危険性または有害性の特定＞

まず、機械・設備、原材料、作業行動や環境などについて危険性または有害性を特定します。

ここで危険性または有害性とは、危害をもたらすもの、状況のことで、作業者が接近することにより危険な状態が発生することが想定されるものをいいます。いかに危険性または有害性を発見し、特定できるかがポイントとなり、そのために特定実施者の危険に対する感受性を高める必要があります。

＜手順2：危険性または有害性ごとのリスクの見積り＞

次に、特定したすべての危険性または有害性についてリスクの見積りを行います。リスクの見積りはリスクの大きさを客観的に把握することです。

＜手順3：リスクの優先度の設定およびリスク低減措置の検討＞

手順3では、危険性または有害性について、それぞれ見積もられたリスクに基づいて優先度を設定します。すなわち、リスク低減措置を実施するための優先順位を決定するとともに具体的なリスク低減措置を検討します。

＜手順4：リスク低減措置の実施＞

手順4では、リスクの優先度の設定の結果に従って、その除去や低減措置を実施します。

リスク低減措置は、基本的に次の順序で検討し、合理的に選択した方法を優先順位に従って実施します。

①危険な作業の廃止、変更等の本質的対策
②インターロックの設置等の工学的対策
③マニュアルの整備等の管理的対策
④個人用保護具の使用

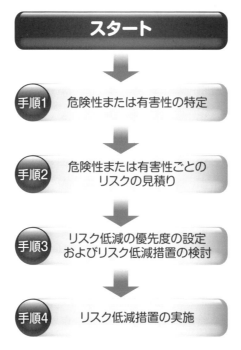

図12 リスクアセスメントの基本的な手順

(7) リスクアセスメントの種類と導入

現在リスクアセスメントは大きく3種類に分かれており、それぞれに関連する指針があります。

危険性又は有害性等の調査等に関する指針
設備、原材料、作業等の新規採用、変更時等に義務づけ
平成18年3月10日付け指針公示第1号

化学物質等による危険性又は有害性等の調査等に関する指針
化学物質等に係る設備、原材料、作業等の新規採用、変更時等に義務づけ
平成27年9月18日付け指針公示第3号

「機械の包括的な安全基準に関する指針」の改正について
機械設備の設計・製造段階および使用段階時等に実施
平成19年7月31日付け基発第0731001号

危険性又は有害性等の調査等に関する指針に基づくリスクアセスメントは、設備、原材料、作業等の新規採用、変更時等に義務づけられており、物の不安全状態と人の不安全行

動に着目し、進めていきます。また、現有の設備・機械や作業についても実施することから多くの事業場で導入が進められています。2番目の化学物質等による危険性又は有害性等の調査等に関する指針に基づくリスクアセスメントは、平成28年6月1日より、業種、事業場規模にかかわらず、安全データシート（SDS）の交付義務の対象物質の製造・取扱いを行う全ての事業場に義務づけられます。また3番目の「機械の包括的な安全基準に関する指針」の改正については、労働者が携わる前に安全な機械設備を設計・製造するために行うリスクアセスメントとして、機械設備の製造者（メーカー）や改造等を事業場内で実施する開発・設計・技術部門等で導入されており、昨今注目されているリスクアセスメントでもあります。（「機械の包括的な安全基準に関する指針」の改正については使用段階も含みます。）

　まずはよく指針の内容を理解し、事業場に必要とされるものを導入していきましょう。
　導入にあたっては事業者が、労働安全衛生マネジメントシステムにおけるリスクアセスメントの意義を理解した上で、以下の事項についての準備を計画的に進めていく必要があります。

①リスクアセスメントの実施体制
②リスクアセスメント実施手順（リスクの見積り等の基準を含む）の作成
③リスクアセスメントに関する教育

　これらの準備のための業務は、事業者の指示のもとに、事業場全体の運営を行う安全衛生担当部門がすることになり、事業場全体にリスクアセスメントをスムーズに導入し、定着させていくためには担当する者も事業者同様に労働安全衛生マネジメントシステムにおけるリスクアセスメントの意義を理解し、リスクアセスメントについて十分理解した上で準備を行います。

【参考図書】
①「厚生労働省指針に対応した労働安全衛生マネジメントシステム　リスクアセスメント担当者の実務」　中央労働災害防止協会
②「新指針対応　これからの機械安全〜新「機械の包括的な安全基準に関する指針」の解説〜」　中央労働災害防止協会

第2章　日常的な安全衛生活動

（1）日常的な安全衛生活動とは

　日常的な安全衛生活動とは、職場または事業場全体で日常的に実施できる安全衛生活動のことをいいます。よく実施されているものには、以下のようなものがあります。

　　①危険予知（KY）活動
　　②4S（整理、整頓、清掃、清潔）活動
　　　　※事業場によっては、3S活動や5S活動等の場合もあります。
　　③ヒヤリハット報告活動
　　④安全衛生改善提案活動
　　⑤作業開始時等のミーティング
　　⑥職場巡視（安全衛生パトロール）等

などがあります。

　これらの活動は、わが国の事業場で従来から、一般的なものとして普及し、成果を上げています。すでに導入している事業場はもとより、これから導入しようとしている事業場においても、安全衛生計画の中に盛り込んで推進していくことで更なる大きな成果・効果につながっていきます。

（2）日常的な安全衛生活動の工夫

　日常的な安全衛生活動にはさまざまな取り組み方法があります。例えば、事業場全体で同じ方法や手順で実施することを事業場として定め、その具体的方法については各職場に一任するなどの方法で活動を展開している事業場もあります。また、いくつかの活動を組み合わせてより効果的・効率的な活動を実施している例も少なくはありません。

＜組み合わせた活動の例＞

| ヒヤリハット報告活動 | ＋ | 安全衛生改善提案活動 |

　ヒヤリハット報告活動の本来の目的は、ヒヤリハットしたことを報告するだけではなく、そのヒヤリしたこと、ハットしたことが大きな災害にならないために未然防止の対策をすることにあります。このことから、ヒヤリハットしたことに対して改善措置や対策案も体験した者が考え、提案していくという活動です。また自らで対応できる場合は、改善の実施までをすることにより、さらなる効果が期待されます。

第2章　日常的な安全衛生活動

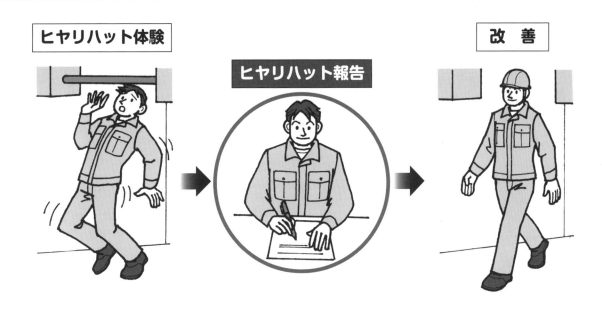

作業開始時のミーティング ＋ 危険予知（KY）活動

　作業開始時のミーティングでは、労働者に対しその日の作業内容や作業指示等を行います。この作業開始時のミーティングのときに、安全衛生上で注意すべき点や守るべき事項を確認し、危険予知活動を実施します。特に、管理監督者から見た目線での危険と労働者から見た危険の内容は違うこともあり、危険予知活動により労働者から「どんな危険が潜んでいるか」等を考えさせ、自分たちでその日の作業の行動目標や危険の少ない作業方法を決めていくという手法をとることにより、自主的な発見・改善となり効果が得られます。

第3章　安全衛生行事の企画・運営

（1）安全衛生行事とは

　安全衛生に関する行事は、全国的あるいは地域で実施される行事と事業場独自で実施する行事と大きく二つあります。事業場独自で実施する行事は、全国的あるいは地域で実施される行事と連動して同じ時期にその目的に沿った活動を企画・運営・実施する方法と、時期や内容等全てを事業場で企画・実施する方法があります。

　安全衛生行事はイベントと考えられやすいですが、事業場全体で安全衛生の取り組みを実施できる機会で、労働者の安全衛生意識の高揚等につながり、今後の安全衛生活動の活性化にもつながってきます。またこのような機会を活用して、安全衛生に関する一斉点検などを実施する事業場もあります。このように行事を活用して、安全衛生活動を活性化させ、マンネリ化防止につなげていくことが大切です。

（2）全国的あるいは地域で実施される行事での企画・運営

　全国的あるいは地域で実施される行事は、安全衛生に限らずさまざまなものがあります。

　安全衛生での行事で代表的な例として
- 全国安全週間
- 全国労働衛生週間
- 全国産業安全衛生大会
- 年末年始無災害運動

などがあります。これらは主唱者・主催者より実施要綱などが策定され、その趣旨やスローガン、実施事項などが記載されています。事業場ではこれらの行事と連動して同時期に実施要綱をもとに実施事項に示された活動を実施します。活動の方法は事業場独自で考えることが、事業場にあった活動になります。

　また、上記に限らず、安全衛生に関連する行事はたくさんあります。消防関連や交通事故防止などの行事もそのひとつになります。全ての行事を連動して行うことは、時間や人の負荷等により難しいため、事業場の業務内容や課題等を考慮した上で実施すべき活動を選択する必要があります。

全国的な安全衛生に関する行事の例

平成○○年　安全衛生カレンダー（例）

1月
- 平成○○年度安全衛生教育促進運動（前年12月1日～4月30日）
- 年末年始の輸送等に関する安全総点検（前年12月10日～10日）
- 平成○○年度年末年始無災害運動（前年12月15日～15日）
- 防災とボランティア週間（15日～21日）

2月
- 省エネルギー月間

3月
- 自殺対策強化月間
- 春季全国火災予防運動（1日～7日）
- 車両火災予防運動（1日～7日）
- 建築物防災週間（1日～7日）
- 女性の健康週間（1日～8日）

4月
- 春の全国交通安全運動（○日～○日）
- 世界保健デー（7日）
- みどりの月間（15日～5月14日）

5月
- ごみ減量・リサイクル推進週間（30日～6月5日）
- 禁煙週間（31日～6月6日）

6月
- 全国安全週間準備期間（1日～30日）
- 土砂災害防止月間
- 男女雇用機会均等月間
- 外国人労働者問題啓発月間
- 危険物安全週間（○日～○日）
- 歯と口の健康週間（4日～10日）
- 火薬類危害予防週間（10日～16日）

7月
- 全国安全週間（1日～7日）
- 熱中症予防月間
- 国民安全の日（1日）
- 全国鉱山保安週間（1日～7日）

8月
- 電気使用安全月間
- 食品衛生月間
- 防災週間（30日～9月5日）
- 建築物防災週間（30日～9月5日）

9月
- 全国労働衛生週間準備期間（1日～30日）
- 健康増進普及月間
- 防災の日（1日）
- 心とからだの健康推進運動（1日～30日）
- 救急の日（9日）
- 自殺予防週間（10日～16日）
- 秋の全国交通安全運動（21日～30日）

10月
- 全国労働衛生週間（1日～7日）
- 体力つくり強調月間
- 健康強調月間
- 高圧ガス保安活動促進週間（23日～29日）
- 第○○回全国産業安全衛生大会［○○］（○日～○日）

11月
- 職業能力開発促進月間
- ゆとり創造月間
- 特定自主検査強調月間
- 秋季全国火災予防運動（9日～15日）
- 医療安全推進週間（○日～○日）

12月
- 平成○○年度安全衛生教育促進運動（1日～翌年4月30日）
- 障害者週間（○日～○日）
- 人権週間（4日～10日）
- 年末年始の輸送等に関する安全総点検（10日～翌年1月10日）
- 平成○○年度年末年始無災害運動（15日～翌年1月15日）

（3）事業場独自で企画・運営する行事

　事業場独自で企画・運営する行事は、安全衛生活動の活性化や安全衛生意識の高揚を目的として実施されます。また職場でのさまざまな活動の発表・報告の機会や安全衛生活動の評価の機会として活用する事業場もよく見られます。

　事業場独自で実施する行事の例として
- **安全衛生大会**
- **リスクアセスメント改善報告会（発表会）**
- **安全衛生小集団活動発表会**
- **安全衛生優良職場表彰**
- **事業場　安全衛生年間標語募集**

などがあります。

　これらの活動は、安全衛生活動の維持・継続のために行事へ盛り込まれ、毎年（同じ頻度）実施していくためにしくみへ落とし込んだり、標準化していくことが大切です。また企画・運営や内容については定期的に見直し、進化した行事（活動）にしていくことがマンネリ化防止につながっていきます。

第4章　関連法令を熟知する

　安全衛生担当者は主に労働安全衛生法を把握することが求められますが、事業場で取り扱う機械・設備や化学物質等は、労働安全衛生法のみならず、幅広くほかの法令に該当することがあります。事業場では、これらの該当法令を把握し対応する方法を考える組織・部署が必要です。法令は非常に幅広く、専門性が求められることからいくつかの部署または部門で管理する事業場も少なくはありません。こういった中、お互い法令を管理している部署や部門で情報の共有化や連携した活動ができればよいのですが、そうでない場合は法令遵守の漏れが発生することがあります。また安全衛生担当者が全く関連する法令を知らないと、機械・設備や化学物質等の新規導入時などで法令遵守の漏れが発生することがあります。

　例えば、有機溶剤を使用する設備を導入するとします。労働安全衛生法では、有機溶剤中毒予防規則に該当し、局所排気装置の設置が必要になりますが、もし廃液がある場合は水質汚濁防止法（環境省所管）などに該当することがあります。また、局所排気装置から大気にばい煙として放出する場合は、大気汚染防止法（環境省所管）などに該当することがあります。近年では、化学物質の排出量や移動量を集計し、公表する化学物質排出把握管理促進法（化管法）（環境省および経済産業省所管）などもあり、これらに使用する有機溶剤が該当することもあります。

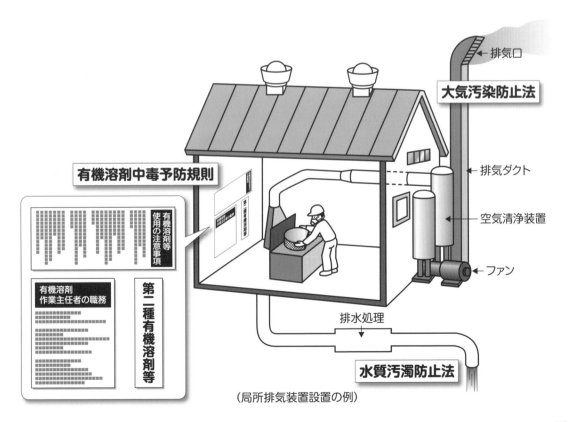

（局所排気装置設置の例）

それ以外でも乾燥設備を導入する場合は、その規格や仕様により労働安全衛生法第88条に基づく所轄労働基準監督署長に設置の届出が必要になるものもありますが、同様に消防法に基づき消防署への届出が必要になることもあります。また市町村や都道府県の条例なども確認する必要があります。

　このようにひとつの機械・設備や化学物質の取り扱いによってもさまざまな関連法令があり、専門的に深く理解する必要はありませんが、幅広く法令に関する知識を修得し、事業場内での法令を遵守する部門と連携をとっていくことが大切です。

第5章　メンタルヘルスケア

　安全衛生担当者として労働衛生の分野で知っておくべき取り組みのひとつとして、メンタルヘルスケアがあります。メンタルヘルスとは精神面における健康のことであり、心の健康、精神衛生、精神保健などとも呼ばれています。つまりメンタルヘルスケアとは、職場の人間関係や過重労働等を主なストレス原因とする、職場不適応やメンタルヘルス不調の発生を予防すること（予防対策）、また、不調者の早期発見とそれへの対応（疾病管理）をラインの管理監督者、産業保健スタッフ等を通じて適切に実施すること、さらに、不調者の職場復帰を支援し、再発を予防すること（復職支援）などをいいます。多くの事業場では、産業医等の助言、指導等を得ながら事業場内の産業保健スタッフや安全衛生スタッフ等の中から取り組みの担当者（事業場内メンタルヘルス推進担当者）を選任します。安全衛生担当者は直接具体的な取り組みをすることは少ないと考えられますが、取り組みのしくみを作ったり、協力をすることは考えられます。

（1）企業におけるメンタルヘルスケアの必要性

　企業を取り巻く環境は大きく変わり、成果主義の導入や経済のグローバル化、またコスト競争などにより従業員一人ひとりの付加価値を高めることが求められ、その結果、業務負担の増加等につながっており、労働者にとっても働く環境は大きく変わってきています。また近年、労働者の受けるストレスはますます拡大する傾向にあり、仕事に関して強い不安やストレスを感じている労働者は6割を超える状況にあります。これらの労働者がそのまま強い不安やストレスを抱え続けるとメンタルヘルス不調になってしまうおそれがあります。労働者がメンタルヘルス不調に陥ると、本人・家族等がつらい思いをするだけではなく、企業としても生産性の低下や業務への支障などさまざまな影響が現れます。

　メンタルヘルス不調を予防することは、企業の大切な財産であり、戦力である労働者の健全な労働力を維持することとなり、企業経営の基盤であるといえます。最近では、過労死・過労自殺といった問題から企業の「安全配慮義務」が問われるなど、企業の責任を肯定する動きがあります。またメンタルヘルスについては個人の努力だけでは予防や対策に限界があると考えられ、個人をとりまく社会や人間関係への配慮が不可欠であるとされています。以上のことから企業としてメンタルヘルスケアへ取り組むことが求められています。

メンタルヘルス不調とは

　精神および行動の障害に分類される精神障害や自殺のみならず、ストレスや強い悩み、不安など、労働者の心身の健康、社会生活および生活の質に影響を与える可能性のある精神的および行動上の問題を幅広く含むものをいいます。

ストレスなどによる精神的・行動上の問題

精神病
統合失調症
（精神分裂症）
うつ病　等

神経症
不安神経症
強迫神経症
恐怖症
心気症
抑うつ神経症　等

心身症
胃潰瘍
十二指腸潰瘍　等

（2）労働安全衛生法に基づくメンタルヘルス対策

　労働安全衛生法ではメンタルヘルス対策を含む健康管理を進める具体的な方法として、以下のように定めています。

労働安全衛生法（抜粋）
健康診断（第66条）
医師による面接指導（第66条の8、第66条の9）
心理的な負担の程度を把握するための検査等（第66条の10）
健康教育等（第69条）
健康の保持増進のための指針の公表等（第70条の2）

これらに基づき、公表された指針が、
　「事業場における労働者の健康保持増進のための指針」
　「労働者の心の健康の保持増進のための指針」
　「心理的な負担の程度を把握するための検査及び面接指導の実施並びに面接指導結果に基づき事業者が講ずべき措置に関する指針」
です。
　また、労働安全衛生規則では衛生委員会の付議事項として、

> **（衛生委員会の付議事項）**
> **労働安全衛生規則　第22条**
> ①～⑧（略）
> ⑨　長時間にわたる労働による労働者の健康障害の防止を図るための対策の樹立に関すること。
> ⑩　労働者の精神的健康の保持増進を図るための対策の樹立に関すること。
> ⑪　（略）

と定められています。

> **「労働者の精神的健康の保持増進を図るための対策の樹立に関すること」は、次が含まれます。**
> ①事業場におけるメンタルヘルス対策の実施計画の策定等に関すること
> ②事業場におけるメンタルヘルス対策の実施体制の整備に関すること
> ③労働者の精神的健康の状況を事業者が把握したことにより当該労働者に対して不利益な取扱いが行われるようなことがないようにするための対策に関すること
> ④労働者の精神的健康の状況に係る健康情報の保護に関すること
> ⑤事業場におけるメンタルヘルス対策の労働者への周知に関すること
>
> 平成18年2月24日付け基発第0224003号

(3) メンタルヘルスケアの進め方

「労働者の心の健康の保持増進のための指針」によると、メンタルヘルスケアは下図のような4つのケアで推進していきます。

「セルフケア」とは

労働者が、自ら行うストレスへの気づきと対処をします。

一人ひとりの労働者が、「自分の健康は自分で守る」という考え方を理解し、ストレスに対処する知識、技法を身につけ日常生活の場で、それを積極的に実施できるようにすることが基本となります。

事業者は、労働者に教育研修、情報提供等を行います。事業者は、労働者が相談を受けられるよう環境整備を行います。

「ラインによるケア」とは

管理監督者が、作業環境、作業方法、労働時間等の問題点を把握し改善します。

管理監督者は、個々の労働者に過度な長時間労働、過重な疲労等が生じないよう配慮しなければなりません。また、日常的に労働者からの相談に対応するように努めなくてはなりません。事業者は、管理監督者に心の健康に関する教育研修等を行います。

「事業場内産業保健スタッフ等によるケア」とは

産業医、衛生管理者等は、管理監督者とともに職場環境等を評価し、改善を図り、労働者のストレス等を把握したり、自発的な相談への対応や保健指導等を行います。治療が必要な労働者に対しては医療機関等を紹介したり、職場復帰等を支援します。

事業者は、産業医、衛生管理者等に、教育研修、知識習得等の機会を提供します。

※一般的に「事業場内産業保健スタッフ等」とは産業医、衛生管理者、衛生推進者、安全衛生推進者、事業場内の保健師・看護師等を指します。

第5章 メンタルヘルスケア

「事業場外資源によるケア」とは
　事業者は、必要に応じ、それぞれの役割に応じた事業場外資源を活用します。
　メンタルヘルスケアの円滑な推進のため、事業者は、メンタルヘルスケアに関する専門的知識を有する各種の事業場外資源の活用が有効です。そのためには、日頃からこれらの資源との連携を図っておく必要があります。

　これらを推進していくためには、現状の取り組み状況を把握し不足している取り組みを補っていかなければなりません。またメンタルヘルスケアでは、メンタルヘルス不調の未然防止からメンタルヘルス不調になった従業員の職場復帰までをしっかりと支援していくことが大切であり、そのための体制をしっかりとつくっておく必要があります。

＜参考＞メンタルヘルスケア　取り組み状況チェック
☐心の健康づくりの方針が策定・表明・周知されているか
☐心の健康づくりの計画が設定されているか
☐心の健康づくりのしくみや体制ができているか
☐メンタルヘルスの相談先や方法は決まっているか
☐管理監督者や従業員への教育・研修を行っているか
☐職場環境等のチェックや改善に取り組んでいるか
☐心の健康問題で休業していた従業員の復職支援の方法やルールはできているか

管理監督者には「ケアの４K」について
しっかり教育をしておきましょう。

「ケアの４K」
気配り→気づき→声掛け→傾聴

気配りは
部下を育てる厳しい目と心配りの温かい眼差しを持ちましょう。
良くないところを批評するより、良いところを評価しましょう。
また仕事の優先順位をつけてあげます。仕事のやり過ぎや抱え込みに注意し、行き詰っているようなら解決のためのフォローとサポートをしましょう。

気づきは
いつもの状態を日常的に把握しておき、部下のいつもと違う状況に気づくことです。チェックではなく、「気がかり」であることを忘れてはいけません。

声掛けは
「元気がないけど、どうした？」、『いつもと違う』部下の様子に気づいたら、早めに声掛けをし、話を聴きます。

傾聴は
評価・批判はせず、励ますのではなく共感する姿勢で話を聴きます。
手に負えそうもないと感じたときは、必要に応じて産業医や産業保健スタッフなどに相談しましょう。

（4）ストレスチェック制度

　高ストレス者を抽出し、メンタルヘルス不調を未然に防止する一次予防として「心理的な負担の程度を把握するための検査等」、いわゆるストレスチェック制度が平成27年12月より義務化されました。

＜目的＞

　この制度は、労働者のストレスの程度を把握し、労働者自身のストレスへの気づきを促すとともに、職場改善につなげ、働きやすい職場づくりを進めることによって、労働者のメンタルヘルス不調を未然に防止すること（一次予防）を主な目的としたものです。

＜対象事業場＞

労働者が常時５０名以上の全事業場
　※勤務時間や日数に関係なく、継続して雇用している労働者
　※継続雇用中のアルバイトやパート社員も含みます
労働者が５０名未満の事業場については努力義務となっています

＜対象者＞

常時使用する労働者

＜頻度＞

平成２７年１２月以降から、毎年１回
（労働基準監督署へ報告することが義務になりました）

＜実施者＞

医師または保健師など
事務担当は企業の人事権を持たない衛生管理者や事務職員等
　※ストレスチェックは、人事権がある者は実施者になれません。
　※医師や保健師等がいない場合は外部委託でもかまいません。

ストレスチェックと面接指導の実施に係る流れ

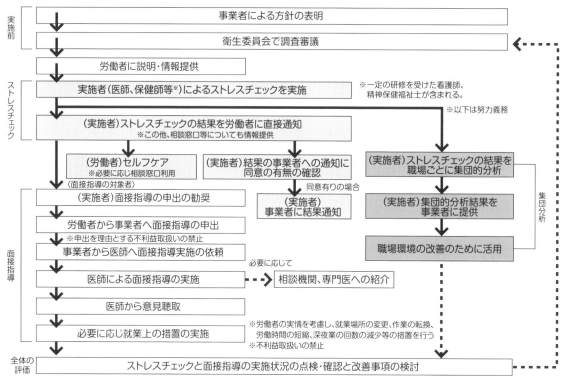

第6章　化学物質管理

（1）化学物質の種類

現在化学物質は次のとおりといわれ、増加しつづけています。

```
CAS番号が付されている化学物質       8350万超
工業的に世界で生産されているもの     10万超
我が国で使用されている主なもの       約6万
製造・輸入量が1トン以上のもの        約6千
```

（2）労働安全衛生法の化学物質規制の体系

労働安全衛生法においては化学物質の危険・有害性等の程度に応じて規制されています。また、印刷業における胆管がん問題を契機として、化学物質のリスクアセスメントが義務化され（平成28年6月1日施行）、対策の強化が図られました。

参考：労働安全衛生法の化学物質規制概要

有害性が極めて高い物質
- 製造禁止物質（労働安全衛生法第55条、同施行令第16条。8物質）

有害性が高い物質
- 製造許可物質（労働安全衛生法第56条、同施行令第17条。7物質（特定化学物質障害予防規則第1類））
- 表示対象物質（労働安全衛生法第57条、同施行令第18条。）
  ※平成28年6月1日よりSDS交付対象640物質に拡大される
- 特別規則（労働安全衛生法第22条等、有機溶剤中毒予防規則、特定化学物質障害予防規則等）

その他物質（約6万物質）
- 指針による指導対象約800物質（強い変異原性物質等）
- 譲渡者からのSDSの提供（労働安全衛生法第57条の2、同施行令18条の2（別表9）。640物質）
- 危険有害化学物質等（JIS Z 5273 約4万物質）
- 国連の基準等による危険有害性情報が明らかでない物質（約2万物質）

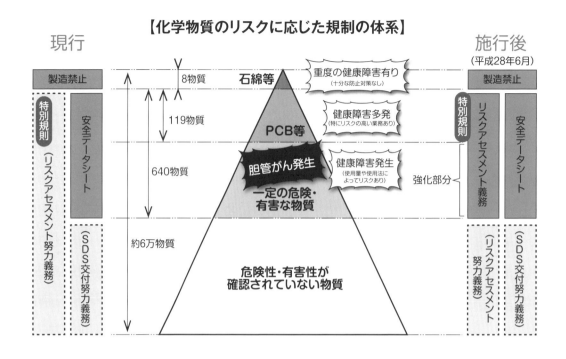

(3) SDSとラベル

　化学物質を使用するに当たってはSDSの見方やシンボルマークの意味を理解していなければなりません。
　SDSは以下のような構成で作成されています。

SDS記載項目（JIS Z 7253:2012）

1. 化学品および会社情報	9. 物理的および化学的性質
2. 危険有害性の要約	10. 安定性および反応性
3. 組成、成分情報	11. 有害性情報
4. 応急措置	12. 環境影響情報
5. 火災時の措置	13. 廃棄上の注意
6. 漏出時の措置	14. 輸送上の注意
7. 取扱いおよび保管上の注意	15. 適用法令
8. ばく露防止および保護措置	16. その他の情報

　化学物質の新規購入時には必ずSDSを確認し、必要な情報を使用する職場、労働者に周知することが大切です。

また、GHS（「化学品の分類及び表示に関する世界調和システム」）では、危険有害情報を伝えるシンボルと外枠からなる絵表示（ピクトグラム）をラベルにつけることが規定されています。絵表示は９種類あり、複数の危険有害性を意味します。

これらの見方や意味を理解しておくことが大切です。

(4) 化学物質のリスクアセスメント

　化学物質による健康被害が問題となる中、労働者の安全と健康の確保対策を一層充実するため、「労働安全衛生法の一部を改正する法律」(平成26年法律第82号)が平成26年6月25日に公布され、化学物質のリスクアセスメントが義務化されました。平成28年6月1日から施行されます。

＜ポイント＞
1. 一定の危険性・有害性が確認されている化学物質（ＳＤＳ交付義務の対象物質）による危険性または有害性等の調査（リスクアセスメント）の実施が事業者の義務となります。
2. 事業者には、リスクアセスメントの結果に基づき、労働安全衛生法令で定められた措置を講じる義務があるほか、労働者の危険または健康障害を防止するために必要な措置を講じることが努力義務となります。
3. 上記の化学物質を製造し、または取り扱う全ての事業者が対象です。

　化学物質のリスクアセスメントは、新しい化学物質を採用もしくは変更する場合、新しい作業方法や手順を採用もしくは変更する場合、あるいは化学品の危険有害性情報が更新や変更された場合等に行うことが求められています。よって、平成28年6月1日以前から行っている業務や化学物質については、施行日以降も同じ化学物質を同じ取扱い方法や手順で使用していれば、条文上はリスクアセスメントの義務はないことになります。しかし、今までにリスクアセスメントを行っていない場合は、リスクアセスメントを実施することが努力義務とされています。従業員の安全・健康を考える上では、今まで使用している化学物質についても同等に調査し、必要な措置を実施することをお勧めします。

＜化学物質のリスクアセスメントの流れの例＞

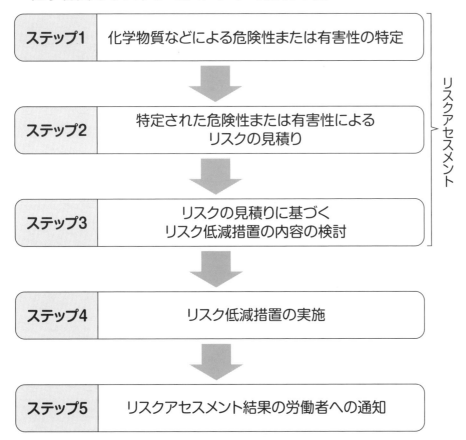

＜リスクの見積り方法の例＞

マトリクス法	発生可能性と重篤度を相対的に尺度化し、それらを縦軸と横軸とし、あらかじめ発生可能性と重篤度に応じてリスクが割り付けられた表を使用してリスクを見積もる方法
数値化法	発生可能性と重篤度を一定の尺度によりそれぞれ数値化し、それらを加算または乗算などしてリスクを見積もる方法
枝分かれ図を用いた方法	発生可能性と重篤度を段階的に分岐していくことによりリスクを見積もる方法
コントロール・バンディング	化学物質リスク簡易評価法（コントロール・バンディング）などを用いてリスクを見積もる方法
災害のシナリオから見積もる方法	化学プラントなどの化学反応のプロセスなどによる災害のシナリオを仮定して、その事象の発生可能性と重篤度を考慮する方法

事業場の実態に即した見積もり方法を選択し、適切に実施することが大切です。

第7章　その他関係する業務

　本書では安全衛生担当者になった場合の一般的な役割や業務について説明していますが、実際は事業場によって組織や役割分担が異なり、これに伴って安全衛生担当者の役割・業務も異なってきます。例えば、安全衛生を専門で取り組む部署や部門がない場合は、総務部門や人事部門の一員として安全衛生を担当する場合もあります。この場合は、安全衛生のほかに交通安全や防災、健康管理などの役割や業務も担当することがあります。また、環境部門や施設・設備部門の中で安全衛生を担当すれば、環境管理や保全活動、建築・立地・緑化などを担当することもあります。このように事業場によって安全衛生担当者が担当する役割や業務はさまざまです。自分が担当する業務をしっかりと認識し、担当を持たない業務でも安全衛生との関係・関連を把握することが大切です。また、自分の担当する業務では、重複業務をなくし効率化を図るとともに、安全衛生の関係・関連業務とは連携を持って事業場一体となった活動を展開していくことが大切です。

＜安全衛生業務と関係する業務の例＞

　防災業務
　　・避難訓練／緊急備品準備
　　・消防計画、自衛消防隊
　　・緊急時の対応／地震対策……など
　交通安全業務
　　・交通指導
　　・ヒヤリマップ作成……など
　健康管理業務
　　・健康増進活動／ヘルスアップ活動
　　・ウイルス対策／予防接種……など
　その他
　　・快適職場
　　・化学物質／毒物劇物管理
　　・環境管理活動
　　・設備／保全／保守活動
　　　　　・
　　　　　・
　　　　　・
　　　　　・

第4編 安全衛生活動を効果的に進めるために

第1章 トップをやる気にさせる

　企業の安全衛生活動の活性化に欠かせない要素のひとつに、トップがやる気を見せることがあります。安全衛生活動はトップの強い意志・やる気（トップダウン）と従業員の理解と協力（ボトムアップ）の融合よりその効果を発揮し、トップが理解とやる気を見せることがボトムアップにつながっていきます。事業場のトップが安全衛生管理や安全衛生活動の必要性を理解し、推進・行動していくように、安全衛生に関する情報の提供や必要性をまとめることも安全衛生担当者の役割のひとつです。

　またトップが方針を作成するための情報提供や、トップの方針を周知し、活動につなげ、結果を出すためのサポートも安全衛生担当者の大切な役割です。

（1）安全衛生方針の考え方

　安全衛生方針には、事業場トップの安全衛生に対する姿勢や理念とともに、重点課題への取り組みが明確に示されていることが必要です。また経営と一体化することや、経営基盤のひとつであること等、企業の経営活動のひとつであることが方針に盛り込まれることが望まれます。

ふさわしい方針の例
- 安全衛生なくして経営はない
- 安全衛生は、企業経営の基盤・企業存立の基盤である
- 従業員の安全衛生の確保は、経営者の最も重要な責務である
- 安全衛生は生産と一体のものである

ふさわしくない方針の例
- 安全衛生は労働者自らが注意し、努力してもらうことが第一である
- 安全衛生は、一人ひとりの努力と自覚が大事である
- 自分の安全は自分で守る意識を持つことである

　上記のふさわしくない方針の例は、安全衛生を従業員に委ねており、管理監督者の取り組み意欲がそがれたり、労働者の事業者への不信感を招くことにもつながりかねません。

（2）トップの率先した行動

　事業場のトップが安全衛生方針を作成・表明し、安全衛生の重要性を説明しても行動が伴わなければ従業員へは伝わりません。トップが率先して職場へ出向き、巡視や指導をするなどの姿勢を見せることも重要です。安全衛生担当者としては、トップの巡視や指導を計画に盛り込んだり、事前に職場に周知するなど、トップと職場とのパイプ役になることも大切な役割です。計画的な巡視以外で抜き打ち等の巡視・指導も効果的ですが、場合によっては職場の不満や不信感につながることもあるので、十分注意しましょう。

第2章　体制・組織を活用しよう

(1) 事業場内の組織の活用

　安全衛生活動はトップから第一線の労働者までのライン活動が一般的ですが、場合によっては、部署や部門を横断した組織も効果を発揮します。これらは専門委員会やタスクフォースなどの名称で組織され専門的な分野で活躍でき、安全衛生活動の強い協力者になります。ただし、役割・責任・権限を明確にすることや、本来業務とのバランスを考えるなどの配慮を忘れてはなりません。またこれらの組織の長となる人材や事務局的役割を担当する人材などの配置も考慮し、同じものが複数の組織に属さないようにすることも大切です。

＜事業場内の組織の例＞

組織名	組織構成	役割
安全委員会	安全管理者 技術部門の管理者など	リスクアセスメントでの 専門的知識によるアドバイス 新規設備・装置導入・・・など
衛生委員会	衛生管理者 健康管理スタッフなど	リスクアセスメントでの 専門的知識によるアドバイス 作業環境管理/保護具・・・など
健康増進委員会	総務部門長 各部署、部門の代表者	労働者の健康増進活動の 企画・運営・・・など
リスクアセスメント委員会	安全衛生部門長 各部署、部門の代表者	リスクアセスメントの参画 しくみ・基準の見直し・・・など

(2) キーパーソンをつくろう

　安全衛生活動を効果的に展開するためには、各部署や部門に安全衛生活動の協力者となるキーパーソンをつくることが大切です。特に規模の大きな事業場や部署・部門がたくさんある事業場では、安全衛生担当者が全ての部署に対し、さまざまな活動を展開することは困難で、部署・部門の業務や労働者、管理監督者をよく知るものが推進役となって展開する方がはるかに効果的・効率的です。一般的には職場の安全衛生委員会（安全衛生会議）の事務局担当や職場の安全衛生スタッフなどがこの役割になり、協力者となりますが、ほとんどの者がいくつかの業務を兼務しており、積極的に安全衛生活動に協力できるとは限りません。

　安全衛生活動の協力者になってもらうためには、なるべく職場に足を運び情報交換をし、意見の共有できる場をつくるなどのコミュニケーションを深める必要があります。

＜キーパーソンとのコミュニケーション例＞

- キーパーソンとの会議や打合せの場を設ける。
- 安全衛生活動を実施・展開する前に職場の問題や実施するための課題等を事前に話し合う。
- キーパーソンと実際に職場を巡視し、職場の課題等の情報の共有を図る。
- 安全衛生に関する行事やイベントには優先的に参加させる。
- 安全衛生に関する情報や外部の良い取り組みなどの情報を共有する。

第3章　職場を活性化させよう

（1）感受性を磨く教育

　危険な状態があるときに、「危ないな」、「変だな」、「どうも気になるな」、「まずいな」、「避けよう」など、ふと危険を感じることがあります。この「危ないこと」を「危ない」と気づく感覚を「危険に対する感受性」（以下「感受性」という。）といいます。リスクアセスメントや、危険予知活動・職場巡視（安全衛生パトロール）にしても、実施する者が「危ないこと」を「危ない」と気づく感受性が高くなければ、危ないことは発見されません。

　危ないことが発見できないということは、対策が実施できずに危険が潜在したままになります。また感受性は人によって異なります。例えば、カッターの刃が出ている状態を見て「刃が出てるな」と思い何もしない人もいれば、「危ないから刃を戻そう」とカッターの刃を引っ込める人もいます。これは、カッターの刃に対する危険の感じ方が違うからです。

　また作業現場で、通路に障害物があった場合、何も気づかずに障害物を乗り越えてしまう人と、障害物に気づいてつまずくことを考え障害物を取り除く人がいた場合、後者は危険を発見し、除去しているので危険に対する感受性は高く災害に遭いにくいと考えられ、前者は危険が見つからないことから、障害物につまずく危険が高いことになります。

このように感受性によって危険の回避の程度は異なってきます。しかし、本来誰もが高い感受性は持っているものです。例えば、赤ん坊がハイハイをはじめたとき、ケガなどをしないために家具の角にクッションをつけたり、洗剤等は高いところへ置いたり、外に出ないように窓を施錠したりなどをするはずです。これは子を守るためにあらゆる危険を考え、対策をとるという親の感受性が働いているからと考えられます。これと同様に、事業場や職場でも自分や同僚などが危険にさらされないように危険を探していくことが大切です。

これら危険を探していくための感受性を高め、磨いていくには日頃から危険予知訓練を実施し、作業の中から「どんな危険が潜んでいるか」を考えたり、リスクアセスメントの第一ステップであるリスクの特定を活用することなどがあります。また、実際の危険を擬似体感する「擬似体感施設」を導入したり、このような体感教育のできる施設などを利用して感受性を高める方法もあります。

（2）職場巡視（安全衛生パトロール）の工夫

職場巡視（安全衛生パトロール）は、複数の目線で職場を確認できる代表的な安全衛生活動です。しかし、職場巡視（安全衛生パトロール）の目的や心構え、着眼点などをしっかり決めた上で実施しないと効果は期待できません。より効果的に実施するためには、まず目的や着眼点をはっきりさせてから実施します。また目的に沿ったチェックシートを作成し、活用することは見落とし防止にもつながり、さらに効果を高めます。

＜目的、着眼点の例＞

　　5S（整理、整頓、清掃、清潔、しつけ）を着眼とする
　　不安全状態、不安全行動を着眼とする
　　保護具の適切な使用、着用を着眼とする・・・・など

＜職場巡視（安全衛生パトロール）の心構え＞

　　①どんなことでも見落とさないという厳しい姿勢で行う
　　②良いところは評価する
　　③粗捜し的な態度や方法は避ける
　　④すぐにできることはその場で是正させる
　　⑤対話を通じ、どんな危険が潜んでいるかを認識させる
　　⑥職場の安全衛生水準を頭に入れて指導する
　　⑦不安全行動が生ずる背後の原因を把握する

また、職場巡視（安全衛生パトロール）を実施する際に、ただ目で見て巡視するだけではなく、次のことを留意し、考えながら巡視することはより多くの発見につながり、効果

的になります。

<職場巡視の留意点～見る巡視から考える巡思へ>

1	どうすれば災害を起こせるか？ 　見えないリスクを想定して見つけ出すこと
2	見えないものを見る 　事前情報や法規の活用で正しい職場のイメージを持つこと
3	物の姿から行動を考える 　物の状態から作業者の行動や作業姿勢を考えること
4	定常作業から非定常作業を考える 　作業全体の流れを把握して職場巡視を行うこと
5	不安全行動を考える 　不安全行動に結びつく背景となる要因を考えること
6	現象の背景を考える 　不安全行動の原因を幅広い視野で考えること

（出典：菊池昭著　「リスク発見のための職場巡視」　中央労働災害防止協会発行　2008年）

(3) プロセス評価と成果の評価

　安全衛生活動では、労働災害は発生しないことが当然で定量的に活動の評価をすることは難しいとされています。労働安全衛生マネジメントシステムでは、目標の到達点と達成度合いを求める達成目標と実施の回数や頻度を見る実施目標の二つを考え、定量化（数値化）した目標設定をすることが有効とされています。

例）

実施項目	達成目標	実施目標
ヒヤリハット活動の強化と改善	重大ヒヤリの改善率100%	1人が毎月1件以上提出

　このように定量化した目標であれば、達成状況の評価が可能になり、達成されていれば新たな課題への取り組みを考え、未達成の場合は次年度へ再チャレンジなど、課題も見えてきます。また達成された目標は本人の成果となり、安全衛生活動の動機づけにもなります。
　続いて職場活動の評価を考えます。上記のように達成目標を設定していれば同様な評価ができますが、リスクアセスメントや5S活動などはその取り組み内容や工夫した方法などに評価すべきポイントがあります。これらを成果として評価できる機会をつくっていく

こと も職場の安全衛生活動の活性化になります。そのためには、成果発表会や報告会、表彰制度などを取り入れ、職場が実施した活動のプロセスをアピールできる機会をつくることが大切です。

またこれらの機会を定例化することにより、定期的にアピールの機会が設けられ、安全衛生活動の維持・継続・向上にもつながっていきます。

＜成果発表の例＞
- 小集団安全衛生活動　事例発表会
- リスクアセスメント報告会
- 優良安全衛生職場表彰
- 5S認定職場表彰
- 職場安全衛生活動　報告会　　　・・・・など

（4）継続的に新しい仕掛けをする

安全衛生活動は、終わりなき継続的活動です。しかし、少し手を抜くとすぐに風化やマンネリ化を招きます。また本来の労働災害防止という目的からはずれた、ただの習慣的な活動になってしまうこともしばしば見られます。例えば危険予知活動を考えても、活動当初はさまざまな状況を想定し、危険のポイントや対策を考えますが、慣れてきたり習慣化すると同じ内容で何も考えずに危険と対策がすらすらと出され、客観的に見ればスムーズに見えますが、まるで台本でもあるかのようにも感じられます。

安全衛生活動は継続的に繰り返すことで効果が表れる活動もありますが、新しい活動を仕掛けることで風化やマンネリ化を防止し、活性化へつなげていくことが重要です。そのためには、安全衛生担当者は常に新しい仕掛けを考えるために情報収集を行うことが必要です。

情報収集は他事業場や他企業との情報交換、また地域で開催する安全衛生大会や全国産業安全衛生大会などに積極的に参加し、いろいろな取り組み事例や活動を学ぶことが有効です。また、全て安全衛生担当者で考えるのではなく、各職場がそれぞれに特色をもった独自の活動を考える習慣を養っておくなども風化やマンネリ化防止になります。

第4章　しくみを伝承する

　安全衛生活動は、ほとんどの事業場が生産活動を開始したときから実施しているもので、その取り組み内容はさまざまですが歴史の長い活動です。これらの活動は労働災害などの悲しい出来事やヒヤリハットなどの体験を活かし進化してきたものです。また、安全衛生活動をマンネリ化させずに活性化につなげるための、さまざまな仕掛けや取り組みには、文書化や標準化できないノウハウがたくさん蓄積されています。このように安全衛生を担当する者はある日突然安全衛生を担当してできるものではなく、前任者から十分に引き継ぎやOJTを受けて、しくみを伝承する必要があります。最近は十分な引継ぎや教育が実施されないまま安全衛生担当者が代わり、ノウハウの伝承が不十分であったり、過去の取り組みがわからず、結果的に安全衛生活動の風化、マンネリ化を来たし、結果として労働災害が増加してしまうこともあります。安全衛生を担当することになったら、前任者や上司、先輩から十分な期間で引継ぎやノウハウを伝承し、実践でのOJTを受けてから自分なりに進化させていくことが大切です。これらの伝承が構築されて、事業場の安全風土が次世代に引き継がれていきます。

付表　安全衛生管理体制（選任、職務他）

以下、労働安全衛生法は「安衛法」、労働安全衛生法施行令は「安衛令」、労働安全衛生規則は「安衛則」と略記します。

総括安全衛生管理者

業種、規模等	ア	林業、鉱業、建設業、運送業、清掃業	100人以上
	イ	製造業（物の加工業を含む。）、電気業、ガス業、熱供給業、水道業、通信業、各種商品卸売業、家具・建具・じゅう器等卸売業、各種商品小売業、家具・建具・じゅう器小売業、燃料小売業、旅館業、ゴルフ場業、自動車整備業、機械修理業	300人以上
	ウ	そのほかの業種	1,000人以上
職務	\<td colspan=2\> **統括管理すべき事項** ①安全衛生に関する方針の表明 ②危険性又は有害性等の調査及びその結果に基づく措置 ③安全衛生計画の作成、実施、評価及び改善 ④労働者の危険又は健康障害防止措置 ⑤労働者の安全衛生教育の実施 ⑥健康診断の実施その他健康保持増進措置 ⑦労働災害の原因調査及び再発防止対策 安全管理者、衛生管理者などの技術的事項を担当する者を指揮する	
届出の義務	\<td colspan=2\> 選任すべき事由が発生した日から14日以内	
注意すべき事項	\<td colspan=2\> 総括安全衛生管理者がやむを得ない事由によって職務を行うことができないときは、代理者の選任	

安全管理者

業種、規模等	前記「総括安全衛生管理者」ア、イの業種	50人以上
専任の選定基準	建設業、有機化学工業製品製造業、石油製品製造業	300人以上
	無機化学工業製品製造業、化学肥料製造業、道路貨物運送業、港湾運送業	500人以上
	紙・パルプ製造業、鉄鋼業、造船業	1,000人以上
	安全管理者の選任を必要とする業種で上記に掲げる業種を除いたもの 過去3年間の労働災害による休業1日以上の死傷者数が100人を超える事業場	2,000人以上
職務	①安全に関する方針の表明 ②危険性又は有害性等の調査及びその結果に基づく措置 ③安全計画の作成、実施、評価及び改善 ④労働者の危険防止措置 ⑤労働者の安全教育の実施 ⑥労働災害の原因調査及び再発防止対策 作業場を随時巡視し、設備、作業方法等に危険のおそれのあるときは、直ちに、その危険を防止するための措置	
資格	**学歴と実務経験** 　①大学または高等専門学校で理科系統、2年以上の産業安全実務経験 　②高等学校または中等学校で、理科系統で、4年以上の産業安全実務経験 　③労働安全コンサルタント 　④その他厚生労働大臣の定める者 安全管理者選任時研修修了者 労働基準監督署長の増員、解任命令	
届出の義務	選任すべき事由が発生した日から14日以内	
注意すべき事項	一定要件により専任の安全管理者を選任することが決められている。 専任とはもっぱらその任にたずさわること。その機関や組織に専属すること。	

衛生管理者

業種、規模等	常時50人以上の労働者を使用するすべての事業場	50人以上

選任の基準	業種	衛生管理者としての資格者
	農林畜水産業、鉱業、建設業、製造業（物の加工業を含む）、電気業、ガス業、水道業、熱供給業、運送業、自動車整備業、機械修理業、医療業、清掃業	ア 第1種衛生管理者免許保持者 イ 衛生工学衛生管理者免許保持者 ウ 医師、歯科医師、労働衛生コンサルタント等
	そのほかの業種	ア 上欄のア～ウに同じ イ 第2種衛生管理者免許保持者

選任数の基準	常時使用する労働者数	衛生管理者数
	50人以上200人以下	1人以上
	200人を超え500人以下	2人以上
	500人を超え1,000人以下	3人以上
	1,000人を超え2,000人以下	4人以上
	2,000人を超え3,000人以下	5人以上
	3,000人を超える場合	6人以上

免許資格者の要件	あり　安衛則第62条　別表第4　参照

専任の基準	業種または業務	常時使用する労働者
	業種問わず	1,000人を超える場合
	ア　坑内労働 イ　多量の高熱物体を取り扱う業務および著しく暑熱な場所における業務 ウ　多量の低温物体を取り扱う業務および著しく寒冷な場所における業務 エ　ラジウム放射線、エックス線そのほかの有害放射線にさらされる業務 オ　土石、獣毛等のじんあいまたは粉末を著しく飛散する場所における業務 カ　異常気圧下における業務 キ　削岩機、鋲打機等の使用によって身体に著しい振動を与える業務 ク　重量物の取扱い等重激な業務 ケ　ボイラー製造等強烈な騒音を発する場所における業務 コ　鉛、水銀、クロム、ヒ素、黄りん、フッ素、塩素、塩酸、硝酸、亜硫酸、硫酸、一酸化炭素、二硫化水素、青酸、ベンゼン、アニリン、その他これに準ずる有害物の粉じん、蒸気またはガスを発散する場所における業務	500人を超える労働者を使用する事業場で、左欄の業務に常時30人以上が従事
	※ア・イ・エ～カ・コの業務については、衛生管理者のうちの1人を衛生工学衛生管理者免許を受けた者から選任することが必要	

職務	①衛生に関する方針の表明 ②危険性又は有害性等の調査及びその結果に基づく措置 ③衛生計画の作成、実施、評価及び改善 ④労働者の健康障害防止措置 ⑤労働者の衛生教育の実施 ⑥健康診断の実施その他健康保持増進措置 ⑦労働災害の原因調査及び再発防止対策 少なくとも毎週1回作業場等を巡視し、設備、作業方法又は衛生状態に有害のおそれがあるときは、直ちに、労働者の健康障害を防止するための措置
届出の義務	選任すべき事由が発生した日から14日以内

安全衛生推進者等

	常時使用する労働者	業種	選任すべき者
対象事業場	10人以上50人未満	林業、鉱業、建設業、運送業、清掃業、製造業（物の加工を含む）、電気業、ガス業、熱供給業、水道業、通信業、各種商品卸売業、家具・建具・じゅう器等卸売業、各種商品小売業、家具・建具・じゅう器小売業、燃料小売業、旅館業、ゴルフ場業、自動車整備業、機械修理業	安全衛生推進者
		そのほかの業種	衛生推進者
職務	①安全衛生に関する方針の表明 ②危険性又は有害性等の調査及びその結果に基づく措置 ③安全衛生計画の作成、実施、評価及び改善 ④労働者の危険又は健康障害防止措置 ⑤労働者の安全衛生教育の実施 ⑥健康診断の実施その他健康保持増進措置 ⑦労働災害の原因調査及び再発防止対策		
届出の義務	なし ただし、選任は選任すべき事由が発生した日から14日以内に行う		

産業医

対象事業場	常時50人以上の労働者を使用するすべての事業場	
専属の産業医の選任基準	業種または業務	常時使用する労働者数
	業種問わず	1,000人以上
	ア 多量の高熱物体を取り扱う業務および著しく暑熱な場所における業務 イ 多量の低温物体を取り扱う業務および著しく寒冷な場所における業務 ウ ラジウム放射線、エックス線そのほかの有害放射線にさらされる業務 エ 土石、獣毛等のじんあいまたは粉末を著しく飛散する場所における業務 オ 異常気圧下における業務 カ 削岩機、鋲打機等の使用によって身体に著しい振動を与える業務 キ 重量物の取扱い等重激な業務 ク ボイラー製造等強烈な騒音を発する場所における業務 ケ 坑内における業務 コ 深夜業を含む業務 サ 水銀、ヒ素、黄りん、フッ化水素酸、塩酸、硝酸、硫酸、青酸、か性アルカリ、石炭酸その他これらに準ずる有害物を取り扱う業務 シ 鉛、水銀、クロム、ヒ素、黄りん、フッ化水素、塩素、塩酸、硝酸、亜硫酸、硫酸、一酸化炭素、二硫化炭素、青酸、ベンゼン、アニリン、その他これらに準ずる有害物のガス、蒸気または粉じんを発散する場所における業務 ス 病原体によって汚染のおそれが著しい業務	左欄の業務に常時500人以上の労働者が従事
産業医の資格要件	産業医の資格（安衛法第13条第2項、安衛則第14条第2項） ・認定産業医等（日本医師会産業医研修、産業医科大学の産業医研修修了者等） ・労働衛生コンサルタントである医師　など	
産業医の権限	（安衛法第13条第3項、第4項） ・事業者、総括安全衛生管理者への勧告 ・事業者は勧告を尊重、不利益取扱い禁止 ・衛生管理者の指導・助言	
産業医の職務	労働者の健康管理等（安衛則第14条） ・健康診断とその結果に基づく措置 ・長時間にわたる労働に関する面接指導とその結果に基づく措置 ・ストレスチェックの実施、面接指導とその結果に基づく措置 ・作業環境の維持管理 ・作業管理 ・健康管理 ・健康教育、健康相談、健康保持増進 ・衛生教育 ・健康障害の原因調査、再発防止 産業医は衛生委員会の構成委員（安衛法第18条） 毎月1回作業場等の巡視（安衛則第15条） 健診結果への意見（安衛法第66条の4） ・事業者は、実施した健康診断の結果、健診項目に異常所見ありと診断された労働者について、産業医等に意見を聴かなければならない ・産業医は、事業者に対し、労働者の健康を保持するための措置について、意見表明を行う ・対象健診は、法令による健康診断 （定期健康診断、有害業務に常時従事する労働者に対する特殊健康診断等） ・意見は、健診個人票に記載	
届出の義務	選任すべき事由が発生した日から14日以内	
注意すべき事項	常時使用する労働者が3,000人を超える事業場にあっては、2人以上の産業医を選任すること	

第5編 事例で学ぶ安全衛生の実務

安全工業株式会社
業種:製造業（部品組立て）
常時使用する労働者:969人

事例1　新規装置導入

　来期の計画で、新規設備を導入することになりました。導入設備は、有機溶剤（アセトン）を使用した塗布機と塗布したものを乾燥させる乾燥設備です。導入までに安全衛生担当として行うべきことには何があるでしょうか？
　また安全衛生以外ではどのような対応がありますか？

※ただし、導入する設備（塗布機、乾燥設備）は汎用品で安全仕様になっています。（「機械の包括的な安全基準に関する指針」はクリアしている。）

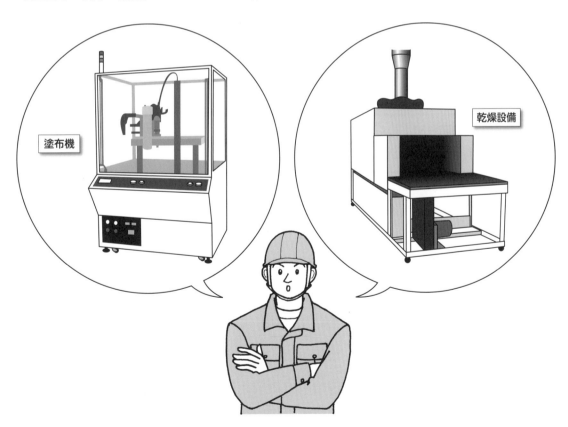

103

事例1について

　まず、新規設備導入までの日程を考えて、そこからさかのぼって対応を考えます。併せて法令に基づく規制があるかを考え、その所定の実施時期までに対応します。

＜共通＞

　導入する全ての設備に対して、労働安全衛生法第88条の規定に該当する設備かどうかを確認します。

　該当する場合は、その設置に関する計画を当該工事の開始の日の30日前までに、所轄の労働基準監督署長に届け出なければなりません。

　今回の場合は、塗布機、乾燥設備そのものが届出の対象になることのほかに、塗布機に使用する有機溶剤が作業者へばく露することを防ぐための局所排気装置も届出の対象になります（労働安全衛生規則別表第7）。

　また、労働安全衛生法第88条の規定による届出をする場合は、決められた届出様式および添付書類が決まっています。

　導入する塗布機、乾燥設備が労働安全衛生法第88条の規定に該当する「化学設備」「乾燥設備」なのかを確認しましょう。

【様式】

労働安全衛生規則様式第20号

※労働安全衛生規則別表第7に掲げる機械等については、各機械ごとに届出すべき事項、図面等が示されています。また局所排気装置等については様式が定められているものもあります。

　提出書類の漏れ防止のために、必要書類のチェックリストを作成しましょう。
　また事業場の届出対象リストなどを作成し、管理することも大切です。

<塗布機>

　使用溶剤・・・有機溶剤（例：アセトン）　有機溶剤中毒予防規則
　考えられる対応（例）
　　・有機溶剤作業主任者の選任
　　・有機溶剤に関する表示
　　・排気設備の検討（局所排気装置、全体換気　等）
　　・保護具の必要性（防毒マスク、保護めがね　等）

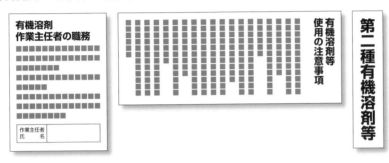

続いて、塗布機の仕様の中に産業用ロボットなどの対象がないかを確認します。
（今回の仕様には対象なしと仮定しますが、もし対象がある場合は安全措置や特別教育など産業用ロボットを対象とした法令への対応が必要になります。）

その他、関連部署へ確認する対応の例としては
　・有機溶剤の排水処理等がある場合……水質汚濁防止法の規制の対象かどうか
　・有機溶剤を局所排気装置等により大気に放出する場合……大気汚染防止法の規制の対象かどうか（必要に応じて、スクラバーや吸着などで大気への有害物を除去した上で放出する）
　・使用溶剤がアセトンのため、危険物（第4類引火性液体第1石油類）に該当する……消防法関連および使用職場での危険物管理（指定数量など）を確認する

などが考えられます。

> <アセトンの労働安全衛生法上の規制>
> ①危険物（労働安全衛生法施行令別表第1　引火性のもの）
> ②有機溶剤（労働安全衛生法施行令別表第6の2）
> ③第2種有機溶剤（有機溶剤中毒予防規則）
> ④容器等に名称表示物質（労働安全衛生法第57条第1項　労働安全衛生法施行令第18条）
> ⑤SDS（安全データシート）対象物質　通知対象物（労働安全衛生法第57条の2第1項　労働安全衛生法施行令第18条の2）　など

＜乾燥設備＞

まず乾燥設備として労働安全衛生規則の対象なのかを調査します。

考えられる対応（例）
- ・乾燥設備作業主任者の選任、表示
- ・定期自主検査
- ・構造等の確認、付属電気設備の確認
- ・保護具の必要性
- ・作業方法の確認（爆発火災の防止）

その他、関連部署へ確認する対応の例としては、乾燥設備（炉）として消防法の対象になるかなどです。

※両設備とも、都道府県・市町村などの条例に基づいて届出等の対象になるかどうかも確認します。

事業場内で汎用品以外の設備を導入する場合または自ら製作する場合は、設計段階から積極的に設備導入部門と連携をとり、安全装置や安全カバーなどの安全対策を仕様書に盛り込んでいきましょう。

続いて、設備導入までのスケジュールの例を紹介します。

日程	対応	担当
設計段階	仕様書の確認（安全対策の盛り込み）	安全衛生担当
	適用法令の確認、把握	安全衛生担当
	導入までのスケジュール確認	設備導入担当 安全衛生担当
90日前	法令等に基づく届出の資料作成、準備　※1	設備導入担当 安全衛生担当
30日前	↓	
2週間前	作製された機械設備の安全確認（セーフティチェック）	設備導入担当 （安全衛生担当）
搬入日（導入）	搬入時の安全確認 事業場内への周知（守衛所含む）	安全衛生担当
据付	作業の安全確認	安全衛生担当
試運転	作業の安全確認 作業手順書の作成（安全作業含む）	設備導入担当 安全衛生担当 職場
本生産	リスクアセスメントの実施	職場主体 （設備導入担当） （安全衛生担当）

※水質汚濁防止法の届出は45日前までに行うものがあるため、早めに準備する。

前頁のスケジュールは例です。実際は事業場の新規設備・機械導入の手順に従って適時に法令確認や安全確認を行っていきます。手順等がない場合は、設備導入担当部門や品質担当部門などの関連する部門と協力して新規設備・機械の導入までのしくみを構築しておくことが大切です。

事例2　従業員が労働災害に

　製造職場で社員として働いていたA君が、機械にはさまれて骨折しました。どのような対応が必要でしょうか？

事例2について

　労働災害が発生した場合は、最優先で被災者への対応を実施します。
　続いて、労働基準監督署への報告や現状把握、原因分析を実施し再発防止のための対策・措置を実施します。
　ここでは全体の流れがわかるようにフローチャートで対応事例を紹介します。

事例2　従業員が労働災害に

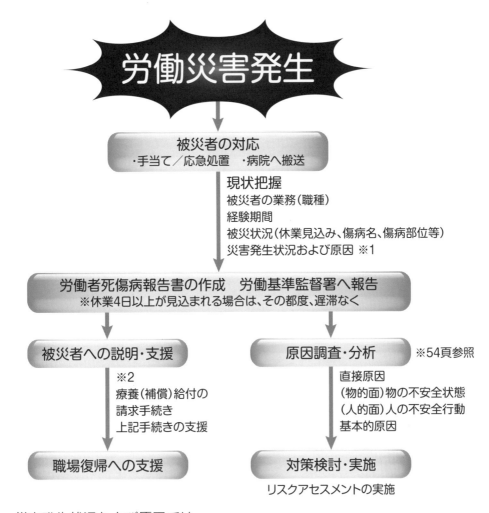

※1　災害発生状況および原因では、
　　①どのような場所で
　　②どのような作業をしているときに
　　③どのような物または環境に
　　④どのような不安全なまたは有害な状態があって
　　⑤どのような災害が発生したか
　　を詳細に記入します。
※2　療養（補償）給付にあたっては業務上の災害であったかどうかを、所轄の労働基準監督署長が判断します。

　業務上とは、業務が原因となったということであり、業務と傷病等との間に一定の因果関係があることをいいます。安全衛生担当者としてはどのような場合が業務上の対象になるかを知っておくことが大切です。

（業務災害の判断について）
（1）事業主の支配・管理下で業務に従事している場合

これは、所定労働時間内や残業時間内に事業場施設において業務に従事している場合が該当します。この場合の災害は、被災労働者の業務としての行為や事業場の施設・設備の管理状況等が原因となって発生するものと考えられるので、特段の事情がない限り、業務災害と認められます。

なお、次の場合には、業務上災害と認められません。

①労働者が就業中に使用（私的行為）を行い、または業務を逸脱する恣意的行為をしていて、それが原因となって災害を被った場合
②労働者が故意に災害を発生させた場合
③労働者が個人的なうらみなどにより、第三者から暴行を受けて被災した場合
④地震、台風など天災地変によって被災した場合（ただし、事業場の立地条件や作業条件・作業環境等により、天災地変に際して災害を被りやすい業務の事情があるときは、業務災害と認められます。）

（2）事業主の支配・管理下にあるが業務に従事していない場合

これは、昼休みや就業時間前後に事業場施設内にいて業務に従事していない場合が該当します。出社して事業場施設内にいる限り、労働契約に基づき事業主の支配管理下にあると認められますが、休憩時間や就業前後は実際に業務をしてはいないので、行為そのものは私的行為です。

この場合は、私的な行為によって発生した災害は業務災害とは認められませんが、事業場の施設・設備や管理状況等が原因で発生した災害は業務災害となります。

（3）事業主の支配下にあるが、管理下を離れて業務に従事している場合

これは、出張や社用での外出等により事業場施設外で業務に従事している場合が該当します。この場合は、事業主の管理下を離れてはいるものの、労働契約に基づき事業主の命令を受けて仕事をしているわけですから事業主の支配下にあり、仕事の場所はどこであっても、積極的な私的行為を行うなど特段の事情がない限り、一般的に業務に従事していることから、業務災害について特に否定すべき事情がない限り、一般的には業務災害と認められます。

注意！
派遣労働者が労働災害にあった場合の労働者死傷病報告書は、**派遣元事業場と派遣先事業場の双方**が報告書を所轄の労働基準監督署へ報告します。

参考
①労災保険給付の手続き

労災保険給付を受けるためには、被災された労働者またはそのご遺族が所定の保険給付請求書に必要事項を記載して、被災された労働者の所属事業場の所在地を管轄する労働基準監督署長（二次健康診断等給付は所轄労働局長）に提出しなければなりません。

給付の種類	請求書の様式	提出先
療養（補償）給付	療養補償給付たる療養の給付請求書（5号） 療養給付たる療養の給付請求書（16号の3）	病院や薬局等を経て所轄労働基準監督署長
療養（補償）給付	療養補償給付たる療養の費用請求書（7号） 療養給付たる療養の費用請求書（16号の5）	所轄労働基準監督署長
休業（補償）給付	休業補償給付支給請求書（8号） 休業給付支給請求書（16号の6）	所轄労働基準監督署長
障害（補償）給付	障害補償給付支給請求書（10号） 障害給付支給請求書（16号の7）	所轄労働基準監督署長
遺族（補償）給付	遺族補償年金支給請求書（12号） 遺族年金支給請求書（16号の8）	所轄労働基準監督署長
遺族（補償）給付	遺族補償一時金支給請求書（15号） 遺族一時金支給請求書（16号の9）	所轄労働基準監督署長
葬祭料 葬祭給付	葬祭料請求書（16号） 葬祭給付請求書（16号の10）	所轄労働基準監督署長
介護（補償）給付	介護補償給付・介護給付支給請求書（16号の2の2）	所轄労働基準監督署長
二次健康診断等給付	二次健康診断等給付請求書（16号の10の2）	病院または診療所を経て所轄労働局長

（出典：厚生労働省 「労災保険給付の概要」）

②労災保険給付の流れ

療養の給付請求書

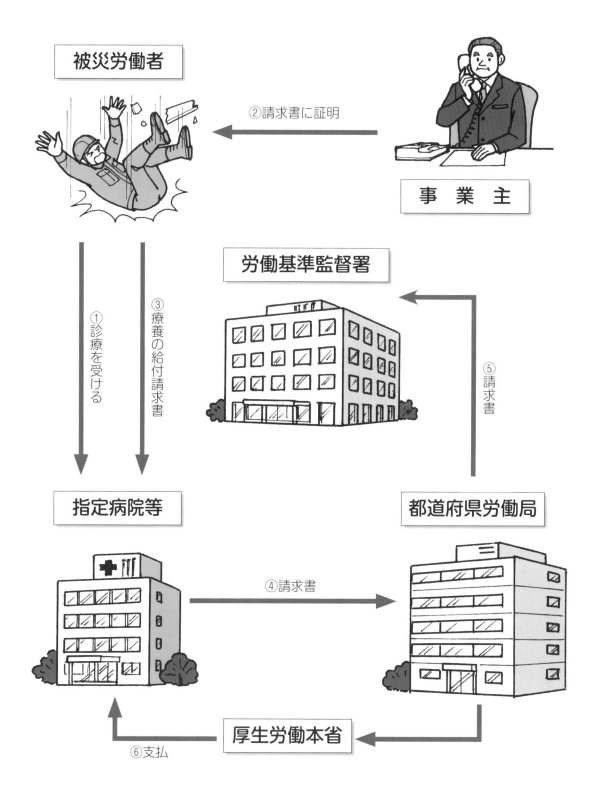

事例3　新入社員へ安全衛生教育をしよう

　4月に新たに新入社員が入社します。配属先は間接部門（事務系）が2名と技術部門が3名、製造部門に5名が決まっています。この10名にどのような安全衛生教育を実施しますか？
（配属先の主な業務内容）
　　間接部門：おもにパソコンを使った事務作業
　　技術部門：有機溶剤を用いた装置の立ち上げ
　　製造部門：産業用ロボットの作業者（教示、検査含む）

事例3について

　まず、新規に雇い入れた者への安全衛生教育については労働安全衛生法第59条第1項により定められ、労働安全衛生規則第35条第1項にて教育の対象者・実施時期および教育事項が定められています。また、作業内容を変更した者に対しても安全衛生教育をすることが定められています。

教育対象者	実施時期	教育事項
新規に雇入れた者	雇入れ時	ア　機械等、原材料等の危険性又は有害性及びこれらの取扱い方法に関すること イ　安全装置、有害物抑制装置又は保護具の性能及びこれらの取扱い方法に関すること ウ　作業手順に関すること エ　作業開始時の点検に関すること オ　当該業務に関して発生するおそれのある疾病の原因及び予防に関すること カ　整理、整頓及び清潔の保持に関すること キ　事故時等における応急措置及び退避に関すること ク　その他必要な事項
作業内容を変更した者	作業内容変更時	

　これらの教育は、入社時に共通で実施できる事項と、配属後でなければ実施できない事項があります。例えば、今回のケースのように複数の部門に対して新入社員が配属される場合は、その部門により扱う機械や材料が違ったり、作業手順や作業時の点検はその職場特有のものがあります。また業務に従事するフロアが違うことにより、緊急事態での避難経路や指揮命令者も異なってくる場合があります。入社時には安全衛生に関する全般的な事項と配属先で教育を受けるべき事項についての周知を含めた教育を実施し、配属先では職場の業務に沿った教育資料やカリキュラムを準備することが必要です。

　続いて、配属先の業務が労働安全衛生規則第36条に定められた特別教育が必要な業務の場合は、その業務に就かせる前に特別教育を実施する必要があります。今回のケースでは、製造部門へ配属される者は、産業用ロボットを取り扱う（教示、検査含む）ことが事前にわかっていることから、「産業用ロボット特別教育」を業務に就かせる前に行っておく必要があります。

　また、有機溶剤を扱う業務に携わる者については、行政指導による安全衛生教育として「有機溶剤業務従事者に対する労働衛生教育」があり、またパソコンを長時間使用する業務に就かせる者についても、「VDT作業に係る労働衛生教育」の教育対象になることもあります。これらの教育についても安全配慮義務履行の一環として安全に作業を行ってもらうためには、必要な教育といえるでしょう。

安全衛生担当のてびき ―基本と実践―

平成24年2月21日	第1版第1刷発行
平成28年1月29日	第2版第1刷発行
令和5年2月9日	第4刷発行

編　者	中央労働災害防止協会
発行者	平山　剛
発行所	中央労働災害防止協会 〒108-0023 東京都港区芝浦3丁目17番12号 吾妻ビル9階 電話　販売　03(3452)6401 　　　編集　03(3452)6209
印刷・製本	株式会社日本制作センター

落丁・乱丁本はお取り替えいたします　　©JISHA 2016
ISBN978-4-8059-1667-4　C3060

中災防ホームページ　https://www.jisha.or.jp/

本書の内容は著作権法によって保護されています。本書の全部または一部を複写（コピー）、複製、転載すること（電子媒体への加工を含む）を禁じます。